尽善尽美 弗求弗迪

美 迪 润 禾 书 系

# 想聪明，动起来
## 让孩子智力超群的运动游戏

［日］柳泽弘树 著  陈 旭 译

电子工业出版社
Publishing House of Electronics Industry
北京·BEIJING

KODOMO NO NO O SODATERU "UNDOASOBI"
by HIROKI YANAGISAWA
Copyright © HIROKI YANAGISAWA 2021
Original Japanese edition published by Nippon Jitsugyo Publishing Co., Ltd.
All rights reserved
Chinese (in Simplified character only) translation copyright © 2022 by
Publishing House of Electronics Industry Co., Ltd
Chinese (in Simplified character only) translation rights arranged with
Nippon Jitsugyo Publishing Co., Ltd. BARDON CHINESE CREATIVE
AGENCY LIMITED, HONG KONG.
本书简体中文版专有翻译出版权由Nippon Jitsugyo Publishing Co., Ltd.通过BARDON CHINESE CREATIVE AGENCY LIMITED授予电子工业出版社。未经许可，不得以任何手段和形式复制或抄袭本书内容。版权所有，侵权必究。

版权贸易合同登记号 图字：01-2022-2515

**图书在版编目（CIP）数据**

想聪明，动起来：让孩子智力超群的运动游戏 /（日）柳泽弘树著；陈旭译. —北京：电子工业出版社，2023.2
（美迪润禾书系）
ISBN 978-7-121-44583-5

Ⅰ.①想… Ⅱ.①柳…②陈… Ⅲ.①游戏—儿童教育—研究 Ⅳ.①G613.7

中国版本图书馆CIP数据核字（2022）第221985号

责任编辑：黄益聪
印　　刷：三河市兴达印务有限公司
装　　订：三河市兴达印务有限公司
出版发行：电子工业出版社
　　　　　北京市海淀区万寿路173信箱　　邮编：100036
开　　本：880×1230　1/32　印张：6.5　字数：86.2千字
版　　次：2023年2月第1版
印　　次：2023年2月第1次印刷
定　　价：59.00元

凡所购买电子工业出版社图书有缺损问题，请向购买书店调换。若书店售缺，请与本社发行部联系，联系及邮购电话：(010) 88254888，88258888。

质量投诉请发邮件至zlts@phei.com.cn，盗版侵权举报请发邮件至dbqq@phei.com.cn。

本书咨询联系方式：(010) 57565890，meidipub@phei.com.cn。

# 前　言

**运动是学习的基础！**

"我希望孩子能认真学习，将来出类拔萃"——太多家长为了孩子的学习操碎了心。相信有不少笃信英才教育的家长，此时此刻正在阅读本书。

但我要告诉各位一个残酷的事实。那就是，不论你多关注早教，或者让孩子看再多书，孩子都不可能瞬间成长。只有到小学 4 年级，即 10 岁后，孩子的学习能力才开始"起飞"。

那么早教真的就那么一无是处吗？当然不是。早教机构运用各种方法，向年幼的孩子传授知识。这些上过早教班的孩子在语言能力和计算能力方面，在一定时期内，确实高于其他孩子。

但是，幼年时期的优势和上学之后的学习能力，以及长大成人之后的社交能力、工作表现，并没有多大关系。

反之，即便是幼年时期没有接受过早教的孩子，随着年龄的增长，也会迎来一段学习能力突飞猛进的黄金时期。换而言之，即便在幼年期接受过早教，也不是一劳永逸的。同理，哪怕年幼时没有系统学习过的孩子，也不会一辈子庸庸碌碌。

　　我们的思考过程一般是：认识→思考→回答。而这一过程中必不可少的"智力"，则是学习能力的重要组成部分。

　　例如，学好语文就要运用"文字阅读""语言理解"能力，而学习数学则需要"数字、空间认知能力"，学习历史最需要的则是"记忆力"。这些能力都可以称为"智力"。

　　换而言之，比起数学、语文、理综等成绩单上数字的大小，我们更该看重这些数字背后体现出的"智力"，因为"智力"才是学习能力的基础。

　　如果孩子通过训练，具备了这些基础性"智力"，

# 前　言

那么等到 10 岁以后，他的学习能力就会得到突飞猛进的提升。

**那么我们要用什么办法来提高孩子的智力呢？研究表明，年幼时多参加体育锻炼，能有效提高孩子的智力水平。已经有大量科学研究证明了运动和智力的关系，这部分内容将在后文为大家展示。**

目前我工作的主要内容就是指导孩子通过运动提高智力，并指导教师们让孩子更好地运动。如果孩子在年幼时期就爱上了运动，那么他一辈子都会积极地参加体育运动。而且运动也具有预防抑郁症和老年痴呆症的功效。

本书将通过我独创的"运动游戏"教学法，让孩子爱上运动。同时，本书将为各位家长一一介绍运动和智力、学习能力的关系，以及如何通过运动培养孩子的社交能力。

我希望所有的孩子都爱上运动，都能积极参与体育锻炼，拥有敢于挑战一切的力量。希望本书能帮助各位家长发现孩子身上更多的可能性！

**儿童 + 控股（株式会社）董事长　柳泽弘树**

# 目 录

**第1章** 运动促进心灵和头脑同步成长！

第1节　运动培养"生存能力" / 002

第2节　身为"动物"，故而运动 / 006

第3节　智力和运动的关系 / 011

第4节　早教陷阱 / 017

第5节　在运动中积累小小的成功 / 024

> 享受运动的乐趣吧！——基础动物体操
> 小熊漫步
> 袋鼠跳
> 牛蛙跳
> 小猴挂树梢

第6节　先来学学爸妈样 / 036

> 按孩子的节奏运动——亲子运动
> 小熊有氧操

想聪明，动起来：让孩子智力超群的运动游戏

原地跑步

专栏　到底学哪样？／044

## 第 2 章　到底该做什么运动？

第 7 节　身体是如何发育的？／052

第 8 节　按年龄段、发育程度选择项目／057

第 9 节　幼年期需要锻炼的三种力量／062

第 10 节　多多体验各种运动项目／067

积累成功经验——用大绳做运动
疾风突破

第 11 节　"看我看我"，孩子需要你的关注／073

想做就要做到底——用纸做游戏
报纸劈砍术

# 目 录

第 12 节　不限于运动 / 080

> 缩短试错时长——投掷游戏
> 扔飞镖

专栏　不要让孩子替你圆梦 / 087

## 第 3 章　"动静"分明

第 13 节　运动强度不同，培养能力各异 / 094

> 运动伴着节奏——模仿动物或节日
> 　传统舞步
> 青蛙拍脚板
> 鳄鱼漫步
> 海獭仰泳
> 鸭鸭前进
> 节日舞步
> 树叶转圈圈

第 14 节　大脑不擅长"忍耐" / 107

"狡猾"也是一种实力——错开时机
整蛊跳绳

第 15 节　培养三种注意力 / 117
第 16 节　"兴奋""抑制"切换训练 / 122

情绪的油门和刹车——动静切换训练
魔法变身跳
袋鼠拍拍手

专栏　"借口"有大用 / 127

## 第 4 章　用运动培养"社交能力"和"合作精神"

第 17 节　什么是合作精神？ / 132

大家一起玩——集体参与的运动

目　录

躲毒绳

变石头

第 18 节　在大自然中培养"思维能力" / 142

放松运动——伸伸手，扭扭腰

手臂拉伸

双腿拉伸

侧身拉伸

第 19 节　用运动控制冲动 / 151

多方位地看待事物——通过表情读懂对方的小心思

变脸术

第 20 节　通过运动学习礼节和思考 / 158

理解自己、对方、目的、手段的含义——找到自己的职责

想聪明，动起来：让孩子智力超群的运动游戏

小碗翻身

第 21 节　没有高智商也能出类拔萃 / 167

第 22 节　努力成为新时代的领军者 / 174

**专栏**　人人都有"残缺" / 184

尾声 / 189

# 第 1 章

## 运动促进心灵和头脑同步成长！

## 第 1 节 运动培养"生存能力"

运动与大脑活动密切相关。人在运动的同时,大脑也在进行判断、预测等一系列的活动。而这正是锻炼脑力的大好时机。强大的脑力不仅让人更善于运动,也让人更善于学习。对于儿童而言,通过运动锻炼脑力,最终便能够反哺学习。

应该让孩子在年幼时爱上运动,而且还要让他多多练习擅长的运动项目。久而久之,随着运动量的增加,孩子的耐力必然大大提高。这样的孩子,从 10 岁开始,学习能力也会一飞冲天。

但 10 岁前的学习经历也并非徒劳无功。我想表达的是,孩子在 10 岁前,有余力自然可以多学点儿,不过即便没让他学习,也没有多大损失。因为 10 岁之后,

第 1 章　运动促进心灵和头脑同步成长！

孩子的学习能力才会有突飞猛进的发展。所以我们不能只关注学业，也要帮助孩子打好人格的基础，在孩子的成长过程中，提供长期的协助。

所以，当下我们的任务就是，关注孩子的兴趣和发展方向，了解孩子的想法，适时地让他学习，让他运动，让他爱上音乐，让他和小朋友们嬉戏，促进孩子全方位发展。如果家长能多留点时间陪陪孩子，给孩子更多的关注，终有一天，你会看到他的成长。

## 学习和运动的关系

学习和运动之间也有很大关联。根据我的"运动与大脑关系"研究结果显示，**进行 10 分钟中等强度运动**，可以有效地提高注意力。

其实，大脑的不同区域都有各自的功能。与学习能力关系最为密切的是大脑新皮质。而大脑新皮质本身也能分为多个功能区，如控制语言的区域、控制运动的区域，以及负责处理人际关系的区域等。想要提高学习水平，就要锻炼注意力，而大脑控制注意力的区域正是前额叶背外侧皮层，运动可以让这个区域更为活跃。前额叶背外侧皮层位于太阳穴偏上的位置，也就是"一休哥"经常用手指摩挲的地方，如图1-1所示。

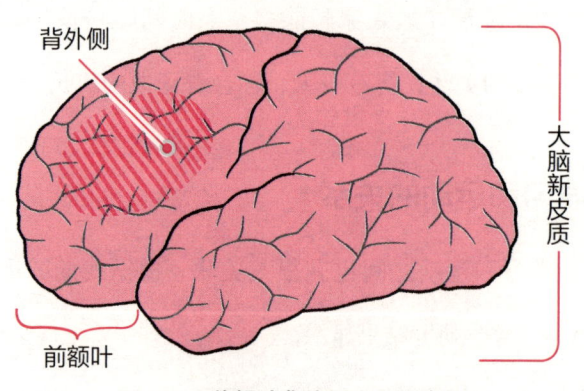

图1-1 前额叶背外侧皮层示意图

在日常的生活和学习中，我们要清楚，集中精力和心猿意马完全是两种状态，而得到的成果也是

## 第1章 运动促进心灵和头脑同步成长！

天差地别的。只要集中精力，就能提高学习能力。

希望各位读者能够按照本书的方法，让孩子在学习之余不忘强身健体。

## 第2节 | 身为"动物",故而运动

我们人类也是"动物"。"动物"顾名思义,就是需要活动的生物。所以运动对于人类而言也是极其重要的。

另一方面,随着我们长大成人,运动的习惯却越来越难以保持。很多人能够认识到,这是生活习惯病的先兆,便急急忙忙地改变生活方式,开始健身。

不过,运动能解决的不只是胖了、瘦了之类的"体形小烦恼",它对我们的精神状态控制、神经调节,都有着极其重要的作用。

很多人忙于工作,每晚不能享受充足的睡眠,运动的时间也相当不充裕。有报告指出,这群人罹患精神类疾病的风险远高于平均水平。

第 1 章 运动促进心灵和头脑同步成长！

可见，我们人类一旦忘记了运动的天性，就很容易患上精神疾病。

## 儿童运动量减少

最近，儿童的运动量和以往相比呈现出减少的趋势，由此导致很多孩子出现体质较差的情况。日本的幼儿园和托儿所，每天早上都会给孩子测量体温。有些孩子明明没有感冒，但体温居然能达到 37 摄氏度以上，相反，还有一部分孩子的体温连 35 摄氏度都不能达到［前桥明《生活节奏大作战》（大学教育出版社）等］。

人的自律神经（也称植物神经）负责控制神经的反应，一旦自律神经紊乱，就会出现上面提到的情况。自律神经由交感神经和副交感神经组成，晚上睡觉的时候，副交感神经处于主导地位，而白天活动的时候，则是交感神经处于主导地位，两者好比早晚倒班一样维持着我们的生活。

自律神经出现问题，会影响体温调节功能。我们也可以这样理解：如果出现了不能正常调整体温的情况，就可以考虑神经的平衡是否出现了问题。神经平衡一旦被破坏，身体会立刻出现问题，伴随的症状包括头晕、不能集中注意力、浑身无力等。如果一直保持这种状态，孩子又怎么能在学校集中精力学习呢？

想要改善自律神经的状况，首先就要保持每天锻炼身体的习惯。如果孩子能够每天锻炼身体，他的自律神经平衡就能得到改善，这样每天早晨的体温也会恢复正常。

## 养成运动习惯，造就美好未来！

不论是大人还是孩子，只要养成每天运动的习惯，不论是精神层面还是身体层面，状况都会得到很大的提升。

但不论运动多么重要，如果家长强行逼迫孩子去

## 第1章　运动促进心灵和头脑同步成长！

运动，孩子就会对运动完全失去兴趣。这样的孩子，长大以后也很难养成经常锻炼身体的好习惯。

为了避免孩子产生逆反心理，我们就应该停止强制锻炼，而要学会循循善诱，让孩子慢慢养成运动的习惯。从长远的角度来看，这也有助于孩子的成长。

如果想让孩子爱上运动，家长就必须以身作则，和孩子一起运动。另外，如果孩子能十分努力地运动，家长也应该引导孩子能够感受此时此刻的快乐。

家长要为孩子创造一个令他爱上运动的环境，这也有助于孩子练成强健的体魄，并让他终身保持运动的习惯。

顺带一提，我知道有很多爸爸妈妈平时工作十分繁忙，那么完全<u>可以把运动当成和孩子交流的手段，增进亲子感情</u>。运动是身体接触的好机会，能让人们在短时间内变得熟络。儿时孩子多和父母一起运动，即便到了青春期，他也能与人更好地交往，并能和父母推心置腹地交流。

如果你实在太忙,根本没有大块时间,就应该尽量挤出时间,和孩子一起做运动。在运动过程中,你的每一句叮嘱,都会比平时更容易进入孩子的心灵。你可以利用这段时间和孩子交心。

希望各位记住以上的内容,在日常生活中实践本书的运动游戏。

## 第 3 节 | 智力和运动的关系

"我希望孩子的学习能力再强一些",这几乎是所有家长的心愿。但有些家长不了解,究竟如何才能帮助孩子提高学习能力。有不少家长认为,想要提高学习能力,最好多给孩子报几个"补习班"。他们觉得"学得多才能学得好"。

但是提高学习能力,并不是简单地做加法。学习能力有时会停滞不前,有时又会突飞猛进,有时则会一落千丈。学习能力,顾名思义,想要"学"有所成,必先"力"有所长。

### 智力是学习能力的基础!

那么学习能力到底是由什么构成的呢?那就是我

们人人都具备的"智力"。如今，衡量智力的指标越来越多。霍华德·加德纳倡导的"多元智能理论"已经十分普及。

多元智能理论将智能大致分为八种，包括"交往交流智能""逻辑数学智能""记忆智能""视觉空间智能""自知自省智能""言语语言智能""身体运动智能""音乐节奏智能"，如图 1-2 所示。

图 1-2 "智能"的各种类型

## 第1章　运动促进心灵和头脑同步成长！

　　每一门课程都需要用到这些智能，而且这些智能和学习能力都息息相关。

　　例如，数学能力就和"逻辑数学智能"及"视觉空间智能"相关。而写文章、做阅读题则需要用到"言语语言智能"。

　　理综学科主要教授自然科学，带领学生探究万事万物的规律法则。在学习"火的燃烧需要氧气"时，自然也需要学生具备"记忆智能"。计算的时候，需要用到"逻辑数学智能"，考试时解答应用题，还要用到"言语语言智能"。回答与天平相关的计算题时，又要用到"视觉空间智能"。换言之，这四种智能贯穿理科学习的始终。

　　而语文和英语科目主要依靠"言语语言智能"，但有时也需要用到"逻辑数学智能"。

　　因此家长不应该过于关注分数的高低，而要注重数字背后体现出的基础素质。我认为，如果家长能够重视这些智能的培养，孩子的学习能力必然也会提高。

当然，孩子的学习能力有时会突飞猛进，有时也会停滞不前。但只要把智能基础打好，孩子早晚会迎来学习能力提升的黄金时期。

## 与学习能力关系最密切的不是 IQ，而是执行力

前文提到了八种智能。那么，到底要如何才能提高智能水平，从而提高学习能力呢？长久以来，人们普遍认为 IQ（智商）和学习能力的关系十分密切，但近些年科学家们发现，与学习能力关系最密切的并非 IQ，而是"执行力"。

执行力，即为了达成目标而控制自己的想法和行为的能力。换句话说，那就是无视嘈杂的环境，集中注意力学习，记忆外界的信息并设法解决问题，因地制宜地展开行动，思维活跃、随机应变的能力。

## 第1章　运动促进心灵和头脑同步成长！

孩子体力和运动能力的提高，又能促进执行力的提高。

那么，执行力是由什么构成的呢？执行力主要来自以下三方面能力。

第一是"注意力持久性"。它能让你在集中精力工作时，即便被打扰，也能不为所扰，继续手头的工作。

第二是"工作记忆"。"脑子里有本账"的人能够暂时记忆信息，并随时调用，帮助自己完成任务。

第三是"认知灵活性"。它能让你因地制宜、随机应变地处理问题。

这三种能力共同构成执行力，并与智能、学习能力紧密联系。执行力和智能是组成学习能力的基础，因此它们对于孩子而言尤为重要。而运动能够有效提高孩子的智能，并培养他的执行力，最终实现学习能力的提升，如图1-3所示。

```
        学习能力
       执行力
   （注意力持久性、工作记忆、
        认知灵活性）
         智能
 （言语语言、逻辑数学、视觉空间等智能）

     基础性的体力和运动能力
```

图 1-3　学习能力、执行力、智能和运动能力之间的关系

但是，执行力或智能并不是通过短时间的运动，就能瞬间提高的。只有日复一日循序渐进地训练，才会真正有效。

我认为，家长有必要在了解孩子的日常生活和学习内容的基础上，充分了解通过运动培养孩子执行力和智能等基础能力的方法，而非只关注浅层次的学习能力。

第 1 章　运动促进心灵和头脑同步成长！

## 第 4 节｜早教陷阱

提到早教，人们的普遍认识是"让孩子提前认字、学英语、学算术……"，简而言之，就是让孩子"赢在起跑线上"。但是我们真的需要早教吗？早教到底有没有用？

很多人没有认识到，如果只是给孩子拼命"投喂"知识，非但收效甚微，甚至会给孩子的精神成长带来很坏的影响。首先，我想让各位知道，孩子成长过程中到底什么才是最重要的。

### 求知欲才是成长之源！

孩子在成长过程中，最重要的正是他发自内心的学习动机。"想学习""想知道""想掌握"——这才是孩子最重要的特质。

孩子一旦失去了求知欲，无论家长如何督促他学习，他都提不起精神，进而对学习失去兴趣。

当然，孩子毕竟是孩子，难免心浮气躁。有些时候，他亲口告诉你"我感兴趣"，随后也有可能半途而废，"背叛"初衷。

这时他最需要的是家长的鼓励，当然也包括合理的批评。什么才是真正的守护？守望相助，不离不弃，奖惩分明，仅此而已！而且家长还应该发现孩子没能发现的问题，并有的放矢地提供指导。

但是，如果家长从一开始就对孩子说"这项本领你将来一定用得上，一定要好好学啊"，会怎么样呢？

最开始孩子的兴趣可能没有多大，但只要是他敬爱的父母鼓励他尝试，他就会努力奋发，积极尝试。

但是，即便有"父母之命"，一旦缺乏"求知欲"，

第1章　运动促进心灵和头脑同步成长！

久而久之孩子也会产生厌烦情绪。

如果只是父母主导，孩子执行，早晚有一天，他会感到懊悔，对你大吼"都是你逼我做的"！

想要从零开始学会一项技能，没有持之以恒的反复训练就绝难成功。因此孩子必须被激起发自内心的求知欲。如果他不是受到求知欲的驱使，发自内心地学习，"半途而废"也只是时间问题。

## 早教只能帮他一时

下面我再来给大家讲讲早教吧！关于早教，其实有一个比较有趣的研究。这项研究的结果显示，同样是小学四年级（10岁左右）的孩子，儿时接受过较多信息输入的孩子和不太重视早教，只是正常上学读书的孩子相比，学习能力方面几乎没有任何差别，如图1-4所示。

图 1-4 两种孩子学习能力的差别

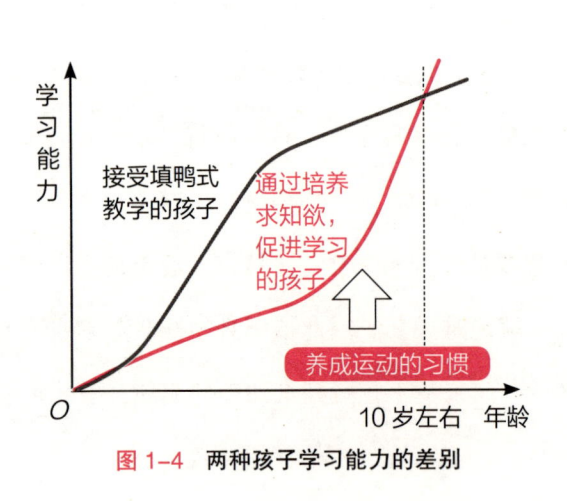

这项研究的目的并不是告诉人们"小孩子根本不用学习",但希望各位认识到,即便年幼时没有接受早教,孩子也会迎来一段快速成长的时期,因此早教并不能让孩子出类拔萃。

如果我们站在孩子的角度想,小小年纪就被剥夺了玩耍的时间,只能学了这样学那样,他其实更想把时间花在自己喜欢的事情上。因此只有带着兴趣学,学习能力才会提高。

# 第1章　运动促进心灵和头脑同步成长！

如果你只是关注早教的优点，我希望你能赶快认清早教的本质，让孩子的童年过得更充实。

**孩子成长的原动力是求知欲。孩子的能力上限，和能否掌控好求知欲息息相关。**

不同的孩子，激发求知欲的时机也是不同的。有些孩子从小就热爱学习，而有的孩子到了初中才突然爱上学习，来一次弯道超车，华丽转身。另外，儿时通过游戏培养的注意力和调查能力，也有助于激发孩子对学习或音乐的求知欲。

不论如何，作为家长，我们都应该关注培养孩子的求知欲，不要错过培养求知欲的最佳时机，并要和孩子多交流、多沟通——这样才能培养一个全方面均衡发展，具有各种优秀品质的孩子。

家长往往对孩子寄予厚望，希望他将来能成为一个聪明的孩子、善良的孩子、诚实的孩子……哪怕是刚出生的宝宝，只要做出一件令家长满意的举动，全家人都会笑逐颜开。

但等孩子到了上幼儿园、托儿所的年纪，家长就开始拿自家的孩子和别人家的孩子作比较了。到了小学的时候，考试成绩、各种评分，又成了家长攀比的对象。家长常常过分关注自家孩子的不足之处，又会把这种消极情绪带入和孩子的日常交流中。孩子伴随着夸赞呱呱坠地，如今却被批评和不满包围，斗志自然会越来越弱。

曾有一句名言是这样说的：做给他看，说给他听，让他尝试。若不给予赞美，人不会主动。这可谓一语道尽家长指导孩子的精髓。

顺带一提，还有一句名言是教导家长如何跟青春期的子女沟通的——"与他言，听他说，认可他，委他以重任。"

那么到底如何才能培养孩子的求知欲，让他对万事万物都充满好奇呢？

# 第1章　运动促进心灵和头脑同步成长！

其实每个孩子都有自己的个性，家长应该配合孩子的特点，尽早发现正确的培养方法，或许这才是真正意义上的"早"教！

## 第 5 节 | 在运动中积累小小的成功

我们人类的大脑其实遵循一种原始的奖励体系。做成一件事就会有成就感，被人夸奖、得到好评、入手想要的东西，这些都算是一种"奖励"。一旦得到这样的奖励，我们的劲头就会更足。换言之，**努力过后得到奖励（特别是心理的奖励），我们会更愿意接着挑战新课题。**

反之，如果努力一番，也没人说一句"谢谢""好棒""干得漂亮"，我们的积极性就会大大降低。想必各位都有过这种经历吧？对于孩子而言，哪怕是再小的成功，都会变成他的内心奖励，从而使他乐意继续努力，并且在日常的反复练习中，这份小小的奖励也会逐渐变成大大的成就感！

第 1 章 运动促进心灵和头脑同步成长！

实现远大的目标固然重要，但想要实现远大目标，就要在每天平凡的生活中，不断积累小小的成功体验，如图 1-5 所示。冰冻三尺非一日之寒，没有人可以突然让能力觉醒，所以持之以恒才更重要。古语有"水滴石穿"的说法，坚持不懈，锲而不舍才能创造辉煌。

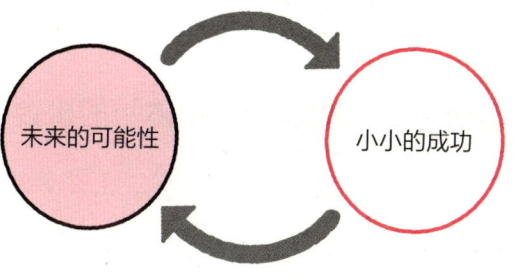

图 1-5 小成功助力大未来

## 有多少次成功体验，未来就有多少种可能性

不只是运动和学习，很多事情都符合这个道理。

小成功积累得越多，孩子也就越有自信。同时，他的自我认同感也会越来越强。这种情感会给他的未来创造更多的可能性。这样的孩子也更容易发现梦想和希望，即便经历失败，也不会轻易放弃，而是越战越勇。

孩子一旦找到了自己的梦想和希望，对未来抱有期待，那么他也会更加努力学习，更加关注自己的身体健康。他知道自己是有价值且重要的。他宽厚仁慈、与人为善，而且体贴入微。

## "运动游戏"能增加成功体验的机会

我提倡的"运动游戏"能让孩子积累无数小小的成功体验。任何运动项目都不是某一天开始，突然就能掌握的，而是越练越优秀，越学越透彻。

如"跳马运动"，虽然看似轻松，但需要选手有着很强的力量和智能。臂力负责支撑，抬高臀部也需要力量，同时两腿还要提供强大的弹跳力。除此之外，还需要测量距离的能力、空中调整姿势的能力，着地时又要靠两腿的肌肉和腹肌做缓冲。别看跳马运动只

第 1 章 运动促进心灵和头脑同步成长！

有短短 1 秒的精彩瞬间，其中可是凝聚着多种力量！

如果你想轻轻松松地获得这些力量，最好的方法就是每天进行运动游戏。

之后本书运动游戏将从 28 页起，为大家一一介绍运动游戏。例如，"小熊漫步"可以锻炼手臂支撑身体的力量，"袋鼠跳"则能锻炼两腿的弹跳力。运动和游戏互相串联，更容易让孩子接受。

运动可以培养身体的各方面能力，也能让孩子积累许多成功体验。"小熊漫步"能为孩子的体质打好基础，为跳马等需要多部位力量协调配合的运动做好准备。

## 不要只关注结果

但是，运动游戏也会有失败和挫折。如果孩子遭遇失败，家长不要只关注结果，稍有不足就责怪孩子，而要多多关注他迎难而上的意志和突出的表现，合理地表扬孩子。

"虽然这次没成功，但你已经很努力了"，"你以前翻单杠的时候习惯弓着背，今天你的后背已经挺起来了，这很好啊"，家长应该多多做出积极的评价。表扬之后，家长还要告诉孩子"为什么失败""哪里没做对"，以及"如何改正"。

只要掌握了这种沟通方式，孩子即便经历失败，也不会轻言放弃，而是会越挫越勇，不断追求进步。

请各位家长通过和孩子一起玩运动游戏的方式，在日常生活中不断帮助孩子积累这小小的成功吧！

## 享受运动的乐趣吧！——基础动物体操

**游戏目的**
- ★ 通过模仿动物，提高孩子的创造力。
- ★ 提高运动耐力，如"弹跳"；提高平衡感，如"支撑"；提高空间认知能力，如"翻单杠"。
- ★ 锻炼核心力量，提高运动和日常劳动能力。

第 1 章　运动促进心灵和头脑同步成长！

### 小熊漫步

☑ **游戏方法**

变身成为住在大森林里的小熊，四"脚"着地，匍匐前进。伸开两掌，目视前方，缓步向前爬，如图 1-6 所示。

图 1-6　小熊漫步

## ☑ 培养能力

支撑力——大臂、肩胛骨周围、后背的力量。两手着地，身体保持平衡避免摔倒，调整呼吸和姿势，有效促进大脑运行。

核心力量——人的力量来自肌肉，但想要有效地发力，动作流畅，轻松转换姿态，则需锻炼身体的核心力量。拥有强大的核心力量，可以让位于身体末端的手、脚更加有力，同时能帮助我们长时间保持同一个动作。

控制力——无须快速行动，而是稳扎稳打一步一步往前爬。因此孩子需要花更多时间专注于掌控姿势，无形之中便锻炼了控制（抑制）力。

### 袋鼠跳

## ☑ 游戏方法

变身成为生活在草原上的袋鼠，双腿并拢，蹦蹦

第 1 章　运动促进心灵和头脑同步成长！

跳跳。两臂大幅度前后摆动。连续跳跃时，手臂要跟随蹦跳节奏摆动，如图 1-7 所示。

图 1-7　袋鼠跳

### ☑ 培养能力

弹跳——弹跳动作可以锻炼从腹部到腿部（腹部、大腿、小腿）肌肉的力量。

平衡感——弹跳时，身体要保持平衡，才能避免摔倒。因此这个运动游戏可以锻炼身体平衡感。

左右脑协调——身体活动时需要左右脑配合。而左右脑配合默契，才能让身体不偏不倚，朝一个方向跳跃。

## 牛蛙跳

### ☑ 设定

变身成为住在池塘里、个头最大的牛蛙。两腿左右岔开，向前跳跃。而后双手贴地，就这样脚起跳→手触地，不断向前跳。手脚不要同时移动，双手一定要保持放在身体前方，如图 1-8 所示。

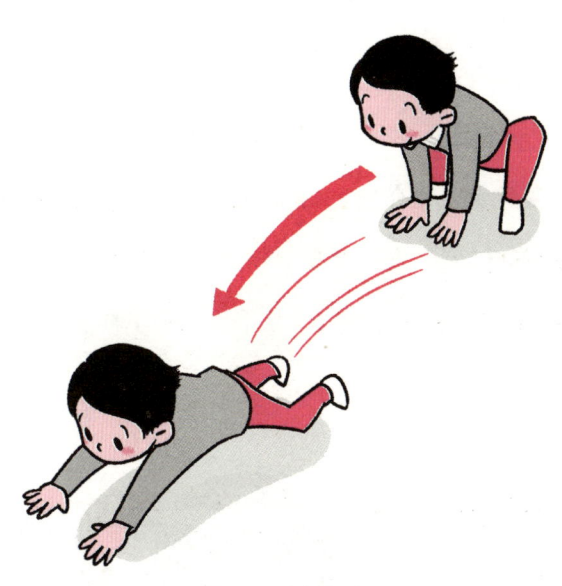

第 1 章　运动促进心灵和头脑同步成长！

图 1-8　牛蛙跳

☑ 培养能力

支撑力——大臂、肩胛骨周围和后背的力量。

弹跳力——由蹲到跳的动作，需要下半身（腹部、大腿和小腿）的肌肉发挥作用。

平衡力——跳跃时为了保持身体平衡，不至摔倒，需要锻炼平衡力。

## 小猴挂树梢

☑ **设定**

变身成为住在树上的小猴子,畅快嬉戏。弯曲手肘挂在单杠上,收拢双腿保持不动。正手抓杠(从上方握住单杠)和反手抓杠(从下方抓住单杠)都可以,如图1-9所示。

图1-9 小猴挂树梢

第 1 章　运动促进心灵和头脑同步成长！

☑ **培养能力**

悬吊力——悬挂在单杠上需要靠手臂力量带动全身。

全身力量——悬挂在单杠上需要的不仅是悬吊力，还需要腹肌、背肌等浑身肌肉群的参与。同时，想要顺畅且精准地完成动作，还需要强大的身体核心力量。

耐力——单杠悬吊是一项需要一定时间持续发力的运动，因此它也需要强大的耐力。

## 第 6 节 | 先来学学爸妈样

很多家长刚一得知运动和学习能力相关，就急急忙忙地带着孩子去做运动。

但是有些家长理解的"参加运动"，无非是把孩子塞给健身中心的老师。如果孩子不是在兴趣的驱使下学习，那么他绝对不可能持之以恒，结果往往是半途而废。

有些孩子正因为是被迫运动，所以对运动产生了不好的印象，最终讨厌任何运动。

**家长做改变孩子才会改变！**

我推荐家长和孩子们一起做运动，有时候更要先孩子一步，带头锻炼身体。

## 第1章 运动促进心灵和头脑同步成长！

例如，1～2岁是孩子刚刚开始明白"和人一起玩"的时期。虽然最开始小孩子都是一个人玩，但随着年龄增长，他们开始意识到周围人的存在，便会开始找人和他一起玩耍。这时，家长要先带头做动作，他看到了就会自然而然地有样学样了。

有时候家长想要跟孩子玩模仿小熊爬的游戏，于是就对孩子说"看着，我们玩小熊漫步"，但孩子还是无动于衷。但只要家长先摆出小熊爬行的架势，孩子看着有趣，之后就会开始模仿了。

然后，家长可以假装跟不上孩子，在他后面喊"等等我"，这样他一定会兴奋地"领跑"。接下来就可以跟孩子互换身份，你逃他追，这才是带领孩子做游戏的正确方法。

想要和孩子"一起玩耍"，家长就应该先做示范，让孩子模仿，这就潜移默化地增加了运动量。

## 最亲莫过父母，最难莫过爹娘

父母是孩子最亲近的人，所以他们在很多方面其实都是在模仿家长的行为。

孩子的语言、习惯、礼貌、规矩，都来自对父母的模仿。

模仿即原封不动地复制他人的行动，因此孩子身边的成年人如果无所事事，那么孩子模仿的机会也就越来越少。换句话说，要让孩子模仿家长，家长们就必须先身体力行，做给他看才行。

这个道理不仅仅适用于我们的运动游戏教学。对于孩子的学业，家长也不能只说一句"快去学习"，就把孩子晾在一边，而是要坐在他旁边，陪伴他学习。此时家长可以根据自己手头的工作安排亲子共同学习的时间。

要让孩子知道，家长会陪在她身边，带头学习，

## 第1章 运动促进心灵和头脑同步成长!

一起成长,孩子的动力也会被激发出来。反之,强行让孩子一个人学习,逼迫孩子一个人运动,孩子会觉得自己正在被人排挤。

棒球、游泳、芭蕾舞……如果你家孩子想要学习这些项目,我们不应该一开始就把他们送进由专业老师带班的机构,而应该先把孩子带到公园,或者对外开放的游泳池,和他一起"先体验,后学习"。

如果孩子真的对某一个运动项目特别感兴趣,此时再找专业老师辅导也不晚。这样孩子才不会感到孤独,他也会带着和家长一同嬉戏的欢乐,开始接下来更加专业的学习。

正如前文所述,不仅是学习运动游戏,孩子学习其他科目或者日常行为准则的时候,也可以用这种"父母带头,孩子模仿"的形式来进行。记住,如果你想让孩子做事,就先得做给他看!

## 按孩子的节奏运动——亲子运动

| 游戏目的 | ★ 激发孩子的积极性。<br>★ 家长和孩子一对一地做游戏，有助于增进相互信任。<br>★ 有趣的游戏让孩子更爱运动。 |

### 小熊有氧操

☑ 游戏方法

不爱运动的小熊，也开始跟着节奏，高高兴兴地做起了有氧操。

先摆出小熊漫步（第29页）的姿势，伸直双腿，双手伏地。

保持现在的姿势，目视前方，和孩子四目相对。接着左右交替收腿弹跳。如果抬右腿已经练熟了，就换成左腿继续练。最后让孩子跟着节奏和家长的指令"右右左""左右左"地弹跳。如图1-10所示。

第1章 运动促进心灵和头脑同步成长！

图 1-10 小熊有氧操

☑ 培养能力

注意力——根据家长的指挥，双脚交替一上一下，有利于锻炼注意力。

支撑力——做这个游戏时需要双手撑地，因此可以锻炼臂力。

判断力——根据"左、右"的指挥，控制自己左右脚的交替，这就是锻炼判断力的过程。

### 原地跑步

#### ☑ 游戏方法

根据家长的指挥，改变跑步姿势。抬高膝盖时为"田径跑"；踮脚尖小跑，不用抬高膝盖时为"小步跑"。家长和孩子相对而立，原地赛跑，根据家长的"田径跑"和"小步跑"的指令，改变跑步姿势。如图1-11所示。

#### ☑ 培养能力

爆发力——所谓爆发力，就是在瞬间发出巨大力量的能力。神经传导速度越快，爆发力就越强。这个游戏需要反复进行脚步的快速切换，因此能有效锻炼爆发力。

第1章 运动促进心灵和头脑同步成长!

图 1-11 原地跑步

发力转换——运动员做姿势时,动作幅度大,需要调动全身力量,而小步跑则需要尽量减小脚步的声音,只用脚尖奔跑。两个动作交替,恰如"动静"转换,能够有效锻炼发力转换。

想象力——使用"田径跑"和"小步跑"的姿势，需要充分发挥想象力，因此这个运动游戏可以锻炼孩子的想象力。

## 专栏 到底学哪样？

几乎每个家长都为了"该让孩子学点什么"而煞费苦心。

培养兴趣可以是运动类、音乐类、艺术类，或者是与礼仪、修养相关的兴趣爱好，但如果全都学一遍，不论是时间还是经济，恐怕都不能支持。这就是很多家长闷闷不乐，每天都在琢磨该让孩子学点什么的原因。

下面就来跟大家分享一下选择兴趣课的技巧。

## 你想让孩子学什么？

报兴趣班的原因无外乎两种，第一种是"孩子想学什么"，第二种是"你想让孩子学什么"。但要知道，这两种模式有着不同的注意事项。

首先，如果是孩子主动"想学"，你就要事先和他做好约定，然后才能让他正式开始学习。比如他只是赶时髦，或者看到朋友学了，于是自己也想学，那么他的兴趣其实并不算多浓厚，会很难坚持下去。

迎接新挑战固然很重要，但漫无目的完全任由孩子主导，就很容易出现"兴趣衰退，半途而废"的现象。

因此你才要事先和他约好，让他承诺"一定要学会"，然后才能开始上课。

而且想要构建起合理的亲子关系，家长也必须毫不动摇地抓住决定权。

那么，如果是家长想让孩子学习一门技术，你就应该先想明白"为什么要让他学这个"。如"锻炼身体""健全人格""积累经验""补齐短板""提高能力""教他如何处理人际关系"……这些都可以作为学习一门技术的理由。

如果希望通过这次学习，让孩子积累经验，那么我希望你继续思考，这些经验对于孩子的未来能起到什么作用？

如果因为孩子不能长时间集中注意力，你希望"补齐孩子的短板"，就可以选择诸如茶道、书法等项目，有针对性地培养孩子。

如果你想"提高孩子某方面的能力"，就要分门别类地选择合适的项目。如提高计算速度的算盘课、提高游泳水平的游泳班，或者是培养绝对乐感的钢琴课等。

总之，想培养哪方面的能力，就要相应地选择兴趣课。

敬爱父母是孩子的天性,如果父母对孩子说"我想让你学一门兴趣课",孩子一开始肯定会满怀期待地想:肯定又新鲜又好玩!

但是,如果孩子带着"被强迫""被安排"的心态来学习,兴趣就变成了"镣铐",他便无法从中找到快乐,也很难坚持到底。

对于孩子来说,记忆力的培养和能力的开发,都离不开"好奇心"和"乐趣"。因此,家长给孩子选择兴趣班的时候,一定要确认他是否有"明确的动机",再者就是要陪伴在他身边,给他提供持续的支持。希望各位家长尽力为孩子营造这样的学习环境,让他们拥有挑战一切的自信。

如果你想要让孩子敢于笑对挑战,有突破难关的动力,就要让他时刻感到安全,让他明白:"即便失败也没关系,爸爸妈妈会陪着你的!"

如果可能的话,家长应该和孩子一起学习,一起尝试，共同讨论学习中遇到的问题。

### 为他准备"后悔药"

我听说有些家庭会给孩子定下"一旦开始学习，就不允许中途放弃"的规矩。其实，家长也应该培养孩子选择"放弃"或"退出"的能力。

有时候，孩子虽然一直在学习一门特长，但由于受伤或搬家，再或者是教课的老师没法继续带他等外界因素，会导致孩子学习停摆。

不论大人还是孩子，生活中都可能遇到不得不放弃的时候。此时，为了让孩子找到新方向，勇敢迈出下一步，家长也需要给孩子选择放弃的机会。

这看似在教孩子"逃跑"，但现代社会瞬息万变，令人应接不暇，我们本就应该步伐轻盈地迎接新挑战，所以"放弃"也并非洪水猛兽。

第1章　运动促进心灵和头脑同步成长！

## 学本领不能太耗时

　　另外，学习特长时还有一点尤为重要，那就是不要因为兴趣班而荒废了其他更重要的事，最终浪费了大好光阴。

　　例如，家长应该给孩子留出阖家欢乐的时间、嬉戏玩耍的时间。如果这都无法保障，孩子的内心就不可能宽广，身体也不会健康，更加不能过好自己的人生。

　　一个处于高压、压抑环境下的孩子是不能健康成长的。

　　近来有很多家庭，都出现了孩子忙于学习各种特长，而没有时间放松身心的状况。

　　但是，如果你希望孩子能把所学的技能消化吸收，并用这些技能书写自己的人生、挑战更多的未知，你就应该给他充足的闲暇时光，让他保持充足的体力，给他准备好所需的物质条件，调整好各种可控因素。孩子不应该孤芳自赏、闭门造车，而要和同龄人共同进步，相互切磋，分享喜悦！

最后，希望各位牢记以上三点认识，为孩子的健康成长创造一个良好的环境。

# 第 2 章

## 到底该做什么运动？

## 第 7 节 | 身体是如何发育的?

你还记得孩子从呱呱坠地,到学会自己站起来时的感动吗?

如果你家的孩子比别人家的孩子更早学会站立,你可能会满怀期待地想:"我家的孩子很有运动天赋嘛!""将来让他当个运动员吧!"

但是,想要培养孩子的运动能力,家长一定要对某些方面格外关注。

由于孩子的个体差异十分大,有些孩子很早就能学会走路,有些孩子却迟迟不能独立行走。

不过,即便孩子很早地学会走路,也不能保证他将来一定比别人跑得快,运动能力胜人一筹。反之亦然,即便孩子走路比较晚,我们也不能轻易断定他将来就没有运动天赋,而且容易长成一个小胖墩。

## 身体发育的顺序

家长可以根据孩子的发育年龄段,来有针对性地安排运动项目。

各位知道"斯卡蒙成长模式曲线"吗?这个曲线把人的成长发育分成四个种类,可以用来判断人从出生到20岁期间,各个器官的发育速度,如图2-1所示。

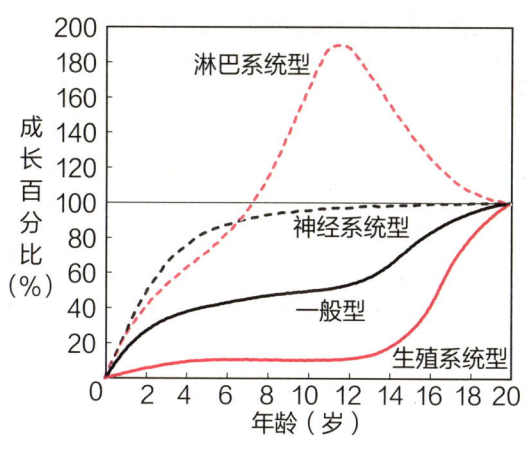

图 2-1 斯卡蒙成长模式曲线

成长曲线分为一般型、神经系统型、淋巴系统型和生殖系统型四个种类。其中，孩子出生后最先发育的器官为神经系统。

神经系统发育主要表现在大脑和神经的功能的发育。一般而言，孩子在 4～5 岁时，神经系统发育已经完成了 80%，6 岁则达到 90%。

不过，并不是说孩子 6 岁以后，就无法再提高智慧和运动能力了。6 岁只是打下了维持人类基本活动和保证人体继续发育的基础而已。

例如，2 岁孩子的力量还很弱，平衡性也很差，即便是在平路上走也会摔倒。这并不表示他们没有运动天赋，而是在这一时段，他们的神经和感觉器官的联系正在迅速构建，本就要通过多次失败，为成功打下基础。即便肌肉力量差、平衡感不强，但孩子还是在不断成长的。

感觉器官向全身传递感觉，包括通过皮肤传递的

## 第 2 章 到底该做什么运动？

触觉、耳朵深处器官控制的平衡感，以及双眼测量平衡的感觉等。

幼儿时期，神经系统发育最为显著，通过对感觉器官的刺激，可以有效促进神经系统的发育。不过，此时的孩子还处于婴幼儿阶段，他还不能靠自己的力量行动。因此，需要成人帮他改变姿势，让他感受姿势的变化和平衡的变化。

另外，家长没必要特别在意孩子是不是能更早地学会站立。想要学会走路，就要经历爬行的阶段。孩子的爬行不仅仅是手掌和膝盖的配合，还需要使用脚尖，以及大脚指蹬地，如图 2-2 所示。

大脚趾蹬地就是在为日后直立行走迈步、踏步的力量打基础。爬行的同时，还可以促进足弓的形成。并且孩子出生时，哪怕稍微有些 O 型腿、罗圈腿，只要学会走路，到了小学三年级左右，也会慢慢矫正过来的。

想聪明，动起来：让孩子智力超群的运动游戏

图 2-2　脚尖着地爬行很有助于身体成长

## 第8节 按年龄段、发育程度选择项目

本节将为大家介绍从 2 岁到初中阶段,孩子应该进行什么运动。

### 幼儿期的运动

上幼儿园、托儿所的孩子(2～4 岁),可以多进行一些需要动手的运动。

由于这一阶段的孩子已经可以正常行走,身体也在慢慢长大,靠手支撑身体或爬行的机会越来越少。因此,他们在摔倒时,往往来不及伸手撑地,或者由于手臂力量不够,导致摔伤脸蛋或者摔掉牙齿。有时候,孩子甚至会因为摔跤而酿成不可挽回的后果。所以家长可以利用"小熊漫步"(第 29 页)之类的手脚

并用的运动游戏，锻炼孩子的臂力。孩子拥有强大的臂力，不仅能够防止摔坏脸蛋或牙齿，还能提高手脚协调性，保持身体的灵活性。

等到孩子4～5岁时，则需要强化训练孩子的跳跃能力。练习跳跃的运动游戏，可以增强身体的核心力量及腿部的弹跳力。只有核心力量够强大，孩子才能跑得更平稳，而且也有助于孩子保持正确的体态。跳跃时一定要注意让双腿并拢，多多练习，就能强化全身肌肉的力量。

而5～6岁的孩子最好多做一些有明确规则的运动游戏，如"捉迷藏"和"一二三木头人"。这个年龄段的孩子已经有了一定的体力，通过和伙伴一起玩耍，对运动的热情会成倍增加。由于游戏中加入了明确的规则，孩子在游玩过程中，便能顺便锻炼社交能力，为长大成人打好基础。

第 2 章 到底该做什么运动？

## 小学阶段的运动

小学低年级（6～8 岁）的孩子到底应该做哪些运动呢？

这一时期，孩子主要会接触到如跳马、跳绳、翻单杠等运动项目。这些<u>一眼就能看出"成功""失败"的运动</u>，可以培养并形成孩子的基本运动能力，也有助于树立孩子参与运动的信心。

据说有些孩子虽然在幼儿园、托儿所阶段就学会了跳马、跳绳和倒立，但上了小学之后，只要停止练习一年，等到了二年级的时候，就有约 30% 的孩子达不到原有的水平了。因此，不管之前练得多熟练，跳马、跳绳和翻单杠之类的运动，还是需要持之以恒地训练的！

低年级的孩子通过体育锻炼，可以培养自信心，而到了中高年级，孩子对运动的热情便会更加高涨。

想聪明，动起来：让孩子智力超群的运动游戏

中年级（8～10岁）时，可以让孩子多参加和跑步相关的运动游戏，来提高孩子的心肺功能。这一时期，孩子需要通过大量运动来锻炼运动耐力，同时运动又和学习相辅相成，形成良性循环。因此，家长要让孩子在校园或操场锻炼跑步，以保持充足的运动量。

另外，从初三开始，要注意让孩子锻炼肩关节。可以做有辅助的短时间翻单杠，平时孩子不太有机会做这项运动，家长可以特意安排一些。

我们关注的往往是眼前能看到的事物，而翻单杠能让我们从有别于平常的角度观察事物。通过这类锻炼，可以让孩子看到自身背后的景象，很有助于提高"身体周围的认知"能力，从而提高运动能力。

等孩子到了高年级（10～12岁），则可以开始练习长跑，如1公里跑之类的能刺激心肺的运动项目。

另外，这一时期也是全身运动精密度开始提高的时期，因此也可以参加棒球、足球之类的球类运动。

如果家长能够抓住时机，让孩子练习这类注重技巧的运动，就有可能整体提高孩子的运动能力。

## ▍初中后的运动

中学时代其实正是孩子"长肌肉"的时期。

特别是这一时期的男孩子，可以通过参加社团活动增加运动量、锻炼肌肉，效果出人意料哦！

而女生到了这个时期，由于月经初潮，可能会出现贫血或筋骨脆弱等现象。因此，要注意别让她太过劳累，可以安排她学习舞蹈等技巧型运动，并关注她展现的技术的优劣，而非运动量的多少。这一阶段的女孩子，应该配合着身体的变化选择运动方式。

总之，家长应该根据孩子的年龄选择合适的运动，让他们在各个年龄段都获得成长。只要家长能牢记这一节的内容，孩子就能在享受欢乐时光的同时，锻炼出强健的体魄。

## 第9节 | 幼年期需要锻炼的三种力量

在上一节中,我们对幼儿期(2～6岁)儿童的运动做了简单介绍。而这一时期最应该注意孩子"支撑力""弹跳力"和"悬吊力"的培养。

支撑力指的是手臂支撑身体的力量,弹跳力指双腿跳跃时的力量,而悬吊力则指翻单杠时的臂力。

具体来说,支撑力可以让孩子更好地完成跳马、侧翻等动作,而跳绳则更需要优秀的弹跳力,悬吊力则是翻单杠时需要使用的力量。

孩子如果会跳马、跳绳、翻单杠的话,周围人一定会夸他"了不起",这很有助于他树立自信心。如果想培养孩子的自信心,就一定要锻炼他的支撑力、弹跳力和悬吊力。

## 如何锻炼支撑力？

下面来具体谈一谈锻炼这三种力量时的注意事项。

我们先来了解一下支撑力。之前介绍的"小熊漫步"就是锻炼支撑力的好方法。小熊漫步需要孩子匍匐前进，这个游戏要求手腕支持身体，四"脚"着地，抬臀爬行，膝盖不能接触地面。

由于人类是靠双脚走路的动物，所以很少有用手臂支撑身体的机会。但是在运动时，我们需要控制好上半身的肌肉，调动全身运动。如日本从小学开始纳入体育科目的跳马运动，如果孩子没法顺利完成这项科目，就会拉低他的体育成绩。进一步说，如果在体育课上，孩子因为不会跳马而感到羞耻，最后甚至会从此讨厌运动。

我们的调查结果显示，80% 讨厌运动的成年人，都是在小学低年级时开始对运动失去兴趣的。而且这些人几乎都有在体育课上无法完成翻单杠等动作的经历。这也正是他们开始讨厌运动的诱因。

我们可以回忆一下小学体育考试的场景，往往都是一个接一个地当着全班同学"表演"。此时如果孩子做得不好，还被朋友冷嘲热讽一番，他当然会讨厌运动了。

为了避免孩子对体育运动产生厌烦心理，家长应该从孩子的幼儿时期开始，就注意锻炼孩子的臂力。

## 如何锻炼弹跳力？

下面来说弹跳力。弹跳力是弹跳运动时使用的力量，但弹跳时一定要注意双腿同时发力。

在2~3岁的阶段，孩子跳跃的时候，双腿用力多半是不均衡的，但到了4~5岁时或年龄再大一些，孩子就能学会双腿同时发力了。

跳绳需要用到弹跳力。跳绳的时候，如果双腿发力不均衡，就很容易失败。另外，跳绳时不仅需要双腿弹跳，还要配合手臂挥动。手臂的挥动和跳跃动作互相配合，才能连续跳绳。

不论是跳大绳还是一个人跳绳，都要注意手脚配合，所以家长应使孩子从小就知道，起跳的时候一定要双脚并拢。

## 如何锻炼悬吊力？

最后我们讲讲悬吊力。一般来说，悬吊力在单杠运动中最为重要，可是我们在日常生活中却很少有机会锻炼这方面的力量。例如，从前人们需要爬树，或者有些时候需要爬上爬下，但现代人很少有这些经历。

虽然有些孩子 1 岁多的时候就会试着靠臂力把自己拉起来，但他们只有到了 24 个月，即 2 周岁时，才能真的把自己吊起来。从那时开始，家长就应该利用单杠，多让孩子练习悬吊。

而且在锻炼悬吊的时候，**不要光靠手臂的力量，还要注意双腿收拢、向上抬，这样才能起到锻炼的作用**。因为小学体育课上，翻单杠的课程要求孩子不能只靠臂力，还要调动腿部和腹部的肌肉，这样才能接着完成翻单杠的动作。

单杠悬吊需要臂力，而下一步抬腿翻身，则要靠腿部肌肉和腹部肌肉的配合，只有这些部分都锻炼好了，才能学会翻单杠。

在孩子看来，跳马、跳绳和翻单杠之类的运动只有"能与不能"之分。只要练好支撑力、弹跳力和悬吊力，孩子就能顺利学会这些项目。

如果可能的话，2岁之后就可以让孩子进行这些方面的练习了。请各位家长多多尝试！

第 2 章　到底该做什么运动?

# 第 10 节　多多体验各种运动项目

有些家长看到孩子放弃运动也不以为意,他们的理由往往是:"我没有运动天赋,我没有运动经验,所以我家孩子肯定也不擅长运动。"但这并没有什么必然联系。孩子的运动能力并不完全遗传自父母,而且还受到他个人后天经历的影响。

## 什么是"运动天赋"?

一般说来,"运动天赋"可以形容人运动能力的高低,但为什么有些人就有运动天赋,而有些人却没有呢?这两类人又有什么区别呢?关键在于人从小到大的运动经历,以及从运动练习中打下的运动基础。据调查显示,参加过各种运动项目,积累了大量运动经验的孩子，往往运动能力更高。因此父母运动能力的高低优劣，与孩子的运动能力没有必然联系。

日本人习惯盯住一项运动后，就把所有热情都投入进去，所以他们更习惯从小就学习特定的某种运动。当然，通过持之以恒的练习，技术肯定不差。

但是和世界各国相比就能发现，人们并不会一开始就全力冲击某一项运动，而是接触各种运动。橄榄球、棒球、游泳、高尔夫……他们会尝试各种运动项目，然后再在其中发现自己最擅长、成绩最好的一个项目专门练习。

想要提高运动能力，就要多练习各种项目，多积累经验，如图2-3所示。儿童的神经和大脑发育十分迅速，如果趁着这一时期多接触一些运动项目，他就更容易学到多种运动的技巧。

所谓运动技巧，包括需要奔跑的项目、需要弹跳的项目、高尔夫和棒球等需要使用"工具"的项目、

第 2 章 到底该做什么运动？

体操等需要平衡感的运动等项目中的技巧。

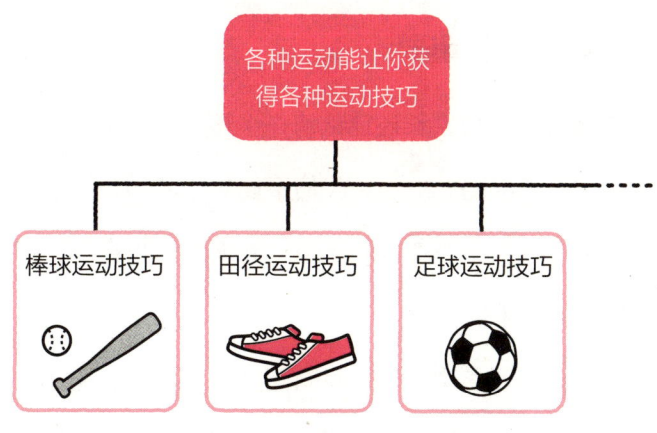

```
        ┌─────────────────┐
        │ 各种运动能让你获 │
        │ 得各种运动技巧   │
        └─────────────────┘
     ┌───────────┼───────────┐
┌─────────┐ ┌─────────┐ ┌─────────┐
│棒球运动技巧│ │田径运动技巧│ │足球运动技巧│
└─────────┘ └─────────┘ └─────────┘
```

图 2-3　积累各种运动经验

当然，这些运动技巧完全来自比赛经验。因为每一个项目只能提高相应的运动技巧。

让孩子尽可能练习各种项目的好处不仅在于此。一方面，有的放矢地训练，可以分门别类地提高孩子的运动能力；另一方面，哪怕孩子因为受伤或其他原因今后再也不能参加某个项目，家长也可以让他继续参加别的项目，这样就不至于荒废了体育锻炼。

## 内心成长更重要

我希望各位家长还能认清一个事实，**孩子的未来不能全靠运动能力决定**。我们不能想当然地认为"小时候多做运动，提高运动能力，长大之后生存能力就一定比别人强。"

即便孩子长大成人之后对运动不感兴趣，也不妨碍孩子的生活过得幸福。哪怕他从小不会翻单杠、跳马，这些小小的不足，也并不会耽误他的正常生活。

但是从**不会到会的心路历程，以及这份努力拼搏的精神，才是孩子成长中不可或缺的因素**。

太多人只关注孩子学习能力和运动能力等显而易见的能力，却忽视了孩子的内心，而内心才是更值得关注的。我们要让孩子拥有"我也想试试""我会努力的""我一定能行"的心态。而运动则有助于培养孩子

第 2 章 到底该做什么运动？

这方面的心态。

### 积累成功经验——用大绳做运动

| 游戏目的 | ★ 通过奔跑积累小小的成功体验，培养孩子的自信。<br>★ 锻炼兴奋和抑制力相互交替。<br>★ 动作规则分明，让孩子学会区别动作力度的大小。 |

**疾风突破**

☑ 游戏方法

身如疾风地奔跑，并躲开上下移动的陷阱，如图 2-4 所示。

家长负责慢慢摇动大绳，孩子瞄准时机冲过障碍。在通过眼前绳子的时候，要想象绳子会追过来。

最开始的时候，为了方便孩子穿越障碍，家长可以大声提醒。等孩子习惯之后，可以让两个孩子结伴，手牵手通过。之后还可以加一条规则：在腹部贴一张旧报纸，奔跑速度够快，才能保持报纸不落地。这样玩更有趣哦！

图 2-4　疾风突破

☑ **培养能力**

节奏感——根据一定的节奏摇动绳子，可以锻炼孩子的节奏感。

控制身体——因为需要看准时机冲过障碍，所以也能锻炼控制身体"停止"和"行动"迅速切换的能力。

第 2 章　到底该做什么运动？

## 第 11 节 "看我看我"孩子需要你的关注

孩子运动时，经常会突然喊"爸爸看我""妈妈看我"。这不只是小孩在运动时才会使出的"秘技"，家长每天生活中至少都要听到一次这样的呼唤。

孩子对身边人喊出的这句"看我"，到底是出于何种心理呢？

孩子到底想让大人"看"什么呢？当然是自己努力的样子了！他们的潜台词其实是："我很努力哦！""我已经学会喽！"他们希望得到大人的认可。

对于孩子而言，身边的大人，尤其是爸爸妈妈，或者每天给他上课的老师，都是有权利评价自己成长的"重要人物"。孩子在得到周围人的认可之后，就能切实地感到自己真地在慢慢成长。

## ▌"看我看我！"是成长的契机

为了让孩子更好地成长，家长应该给予孩子足够的关注，并且只要发现他学会一项新本领了，就要表扬他。要注意，随口表扬几句是不够的，要十分具体地夸奖孩子。

比如，只说"很棒"就不行，而要说"翻单杠很难吧？你肯定很努力才成功的吧？真棒！"同理，说"做得好"也不够，而要说"我看你之前翻的时候好像很容易掉下来，今天动作完成得真漂亮！"你的表扬越具体，孩子就越能爱上运动。

相反，如果孩子向你展示自己的"成果"，而你只是随口夸几句，或者敷衍了事，那么他可能就不会再继续学习这项运动了。回顾生活中的点点滴滴，我们在按照成年人的节奏生活的同时，往往忽略了和孩子的交流。

首先,父母应该清楚知道孩子目前对什么感兴趣,正在为了什么而努力。等孩子对你说"看我看我"的时候,你就要留心观察,他到底是哪方面得到了提升,哪方面做得优秀,然后才能真情流露地夸奖孩子。

如果孩子拿着手机看视频,你就要了解一下,他在看什么视频,问问他这个视频哪里最吸引他,再看看能不能把视频里的内容运用到生活中。

如孩子喜欢看布偶戏,你就试着和他玩玩过家家,如果他喜欢看玩具开箱视频,那就试试和他一起做手工玩具。

总之,家长务必要多多留意孩子的日常行为,见证他的成长。同时也要适时地给他提供建议,让他的技术更上一层楼。

努力得到认可的孩子不但能获得自信,他"想做"和"能做"的事也会越来越多。只要家长能够理解这点,并多多关注孩子的成长，孩子的能力就会自然而然地提高。

## 如何才能让孩子更幸福？

天下的家长都希望孩子更幸福。那么，如何才能让孩子更"幸福"呢？

我们需要让孩子相信自己的实力，并充分发挥自己的能力，自由自在地生活。而这一切的基础都源于"自我认同感"。

"自我认同感"能让人接受现在的自己，并尊重自己的价值。它能让人感到"我是重要的""我现在是安然的""我受到人们的重视"。

自我认同感高的人也更愿意付出努力，并愿意关怀他人。而想要提高自我认同感，就要多多积累成功经验，并得到自己敬重的人的肯定。

"肯定"和"表扬"其实稍有不同。表扬往往在某

第 2 章 到底该做什么运动？

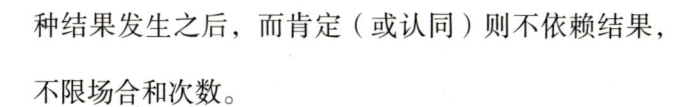

种结果发生之后，而肯定（或认同）则不依赖结果，不限场合和次数。

家长应该肯定孩子对运动的态度，只要他在努力，就值得肯定。不仅要对结果做出表扬，过程本身就值得称赞！这样才能让孩子的未来充满幸福感。

### 想做就要做到底——用纸做游戏

| 游戏目的 | ★ 锻炼兴奋和抑制互相切换的能力。<br>★ 游戏要求动作准确，因此需要锻炼调整动作力度大小的能力。<br>★ 通过兴奋和抑制的切换锻炼注意力。 |
| --- | --- |

**报纸劈砍术**

☑ 游戏方法

变身超级英雄，打碎敌人的能量屏障。两个小朋友分立两边撑开一张报纸，第三个小朋友五指并拢，

想聪明，动起来：让孩子智力超群的运动游戏

由上而下劈开报纸。劈开一张报纸后，第二轮仍旧由两人撑开报纸，但这次需要劈开两层报纸，接下来以此类推，不断增加报纸的厚度，如图 2-5 所示。

图 2-5　报纸劈砍术

☑ 培养能力

注意力——瞄准一个位置，由上而下劈开一张报

纸，可以锻炼孩子集中一点的能力。

　　五感——劈开报纸需要调动听觉和触觉。而声音和触感能够促进孩子大脑的活跃性。

　　力量调节——即便用很大的力气向下挥动手臂，击打力度其实也并不会很强。因此孩子需要学会调节力度，抬起手臂时肌肉放松，下劈时瞬间施力。

## 第 12 节 | 不限于运动

很少有家长能用长远的眼光看待孩子的成长。作为家长,我们应该对孩子的成长感到快乐。但是如果我们给予孩子过多"期望",总是希望他能再进步一些,就很容易在不知不觉间染上目光短浅的毛病。

如孩子好不容易学会翻单杠,有些家长就开始琢磨如何让他再进步,于是便会急于求成地逼迫孩子"你快试试连着翻几个"。

我理解家长希望孩子进步的迫切心情,但要知道,让孩子多努力,虽然对他也有好处,但如果孩子真地无法做到,也可能因此造成不好的后果。

但有些家长根本看不到弊端,只能看到优势,这绝对不值得提倡。

第 2 章 到底该做什么运动？

## ▎"不锻炼"出弊端

不努力锻炼确实会有些弊端。如不养成早睡早起的习惯，孩子的身体就会变弱。

其实这些因不锻炼而产生的弊端，往往都会随着时间的推移，慢慢"发酵"。在生活规律方面，如果孩子小时候没有养成好习惯，等到长大了，就很有可能患上精神类疾病或生活习惯病。

养成好习惯、锻炼好体格的优势十分显见，但不锻炼、习惯差造成的弊端，却难以察觉。所以，为了孩子能够茁壮成长，希望各位家长保持长远的目光。

## ▎"该做"和"想做"的平衡

运动可以培养孩子许多方面的能力，如"努力拼搏的能力""与朋友协同作战的能力""身体健康很少感冒的能力"等。

不过，除了运动，还有很多办法能够提高孩子的各项能力。对于孩子而言，所谓提高能力，往往就是由"不能"到"能"的转变。但在这个基础上，还要培养孩子面对挑战迎难而上、不达目的誓不罢休的冲劲。

所以，要让孩子多去体会"努力了""学会了"的感觉，多去获得成就感和满足感。这样即便他面对困难重重的情况，也会保持自信，相信自己一定能够成功。同时，这也能让孩子在面对难以逾越的障碍时，仍能保持积极的心态，再去挑战一次。

对于孩子而言，他们做不到很多事。小时候，当我们面对"不得不做"和"想要去做"的两件事时，往往会优先处理"想做"的事，而把"该做"的事放在后面。所以我们才会错过很多重要的事。

如果长大之后，还保持这个坏习惯就不好了。孩子从小就该养成先完成"该做"的事，再做"想做"

第 2 章 到底该做什么运动？

的事的习惯，如图 2-6 所示。

先做该做的，再做想做的

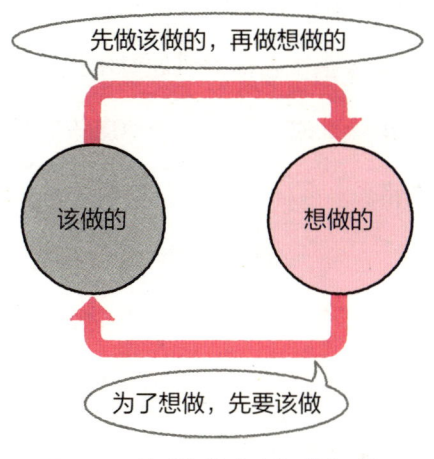

该做的　　想做的

为了想做，先要该做

图 2-6 给"想做的事"腾出时间

接下来只要让孩子继续保持这个态势，他就能把握好学业、爱好和运动的平衡了。

## 挤时间的习惯

世界上比金钱更宝贵的就是时间。

我希望各位家长能让孩子从小就养成掌握并安排

好时间的习惯。因为这个习惯将会影响他的一生，并且这个习惯也会给孩子更多"由不会到会"的学习时间。

如果你希望孩子在面对难题时不抛弃、不放弃，迎难而上，接受挑战，那么至少他应该有足够的时间和恒心去试错。

**10岁之后，孩子的学习能力才会有突飞猛进的发展，所以在那之前，就该让他养成主动学习、坚持锻炼身体的好习惯。这样，等他到了飞速发展的时期，才能快人一步，脱颖而出。**

其实不仅是运动，生活中我们要面对很多不得不去完成的"任务"。因此我们有必要养成先做该做的事，再做想做的事的习惯。而想要养成这样的习惯，就要做到事事皆留意。

小孩子很难管理好自己的时间。就连很多大人也是每天忙得焦头烂额。因此家长要在日常生活中，多多关注孩子的一举一动，及时提醒他时间的重要性。

第 2 章 到底该做什么运动?

## 缩短试错时长——投掷游戏

|游戏目的|★ 锻炼调节力度的能力。<br>★ 双手针对性训练，让手指更灵活。<br>★ 想把飞镖扔进盒子，需要思考投掷角度和力度，并锻炼孩子的试错能力。|

### 扔飞镖

☑ 游戏方法

苦练技术，百发百中扔飞镖。

用绳子或者胶带把手绢缠成一团，当成飞镖。同时准备一个大纸盒。之后，在盒子的前方地面上平行地贴三条胶带，作为距离标志。让孩子自己选择任意标志的位置，开始练习投掷"飞镖"，如图 2-7 所示。

等孩子习惯之后，就可以改用折纸飞镖来增加难度了。

想聪明，动起来：让孩子智力超群的运动游戏

图 2-7　扔飞镖

☑ **培养能力**

注意力——想要成功地把飞镖扔进纸盒里，就要把注意力集中在自己的身体和面前的纸盒上。反复练习就能提高孩子的注意力。

视觉空间认知能力——通过确认目标物大小、深度，以及自己和目标物之间的距离，锻炼孩子的空间认知能力。

视觉空间认知能力可以让我们从背景中分离出主体物，区分颜色和形状，同时不会被形状和方向误导，比较多个主体物到底是不是和真的"一样"。它还能帮助我们掌握物体与物体、自己与物体之间的位置关系。视觉空间认知能力是一项基本能力，因此需要相当程度的重视。

## 专栏 不要让孩子替你圆梦

天下父母都盼着孩子出人头地。因为孩子身上拥有无限的可能性，所以几乎所有家长都希望孩子能尽情实现孩子自己的梦想。这些家长认为，想要让孩子梦想成真，就要多让孩子学习本领、增长见识。

但是家长没有考虑过，家长眼中"孩子的理想"，真的是孩子发自内心的愿望吗？

有一部分家长往往会把自己没能实现的梦想强加到孩子身上！

### 孩子的梦想和大人的梦想

家长把希望寄托在孩子身上，这或许也能体现出密切的亲子关系。但是期待一旦变成强制，爱就成了负担。各位家长务必要明白这个道理：孩子很可能会迫于来自你的压力，而放弃自己真正的理想。

为什么孩子会放弃自己真正的理想呢？因为他们太爱爸爸妈妈了！不论发生什么事，至亲莫过父母，你是他们唯一的依赖。

如果家长口口声声说"为了你好"，但心里装的都是自己的"小九九"，那么还敢想象孩子长大之后会变成什么样吗？

## 第 2 章 到底该做什么运动？

越是年龄小的孩子，就越难"自作主张"。所以只要是家长让孩子学的东西，孩子最开始都会爽快地答应，但随后一旦发现学习的东西根本不适合自己，孩子往往就会选择放弃。

遇到这种事情，家长往往会对孩子一顿教育，"既然决定要学，就一定要学会啊！""这么容易放弃，怎么能有出息呢？"而孩子听家长这么说，哪怕多么不愿意，也只好委曲求全了。

换句话说，因为孩子没有其他选择，也没有退路，而且又是来自至亲至爱的父母的"命令"，所以孩子只能继续忍耐。

孩子和父母是一对命运共同体，尤其是小时候，孩子特别害怕让父母失望。孩子的成长离不开父母的关爱，这份浓情厚爱自然值得珍惜。所以父母一旦披上爱的外衣，把自己的梦想强加给孩子，孩子就只能被动接受了。

### **你的爱已过火**

有些时候，虽然一开始是孩子主动想要学习，但随着孩子技术水平的提高，家长给孩子的压力也水涨船高。

有些家长看到孩子在运动场上挥洒汗水，就会异常兴奋。但发现稍有不顺，就会大发雷霆。家长不单会批评孩子，还会连同场上的裁判、场边的教练，甚至是一起比赛的其他孩子，一也起"口诛笔伐"。

这些家长看到孩子在努力，自己的反应就会异常敏感，急急忙忙地参与其中。可是，此时孩子得到的关注太多，身上被寄托的希望也太重了。明明是孩子自己选择的道路，但强行"领跑"的家长恰恰成了道路上的阻碍。

必然有一个瞬间，孩子会认清自己想走的路。正如某位名人所言："由他尝试，感恩并守望。若无信赖，

## 第 2 章　到底该做什么运动？

人便毫无成果。"所以家长应该不骄不躁，不要过分逼迫孩子。

如果孩子突然厌倦了目前所学的项目，家长也应以一个前辈的身份，为孩子准备其他选择。这样孩子的未来才会多一些可能。

让孩子实现梦想正是家长的使命，但是我们不能让孩子完成自己没能实现的梦想。所以家长偶尔也该反躬自省，多多跟孩子交流。

和孩子谈话的时候，家长务必收起威严和高压，要耐心倾听孩子的心声。这不仅有助于建立健康的亲子关系，也会帮助孩子得到更大的成长。

# 第 3 章

「动静」分明

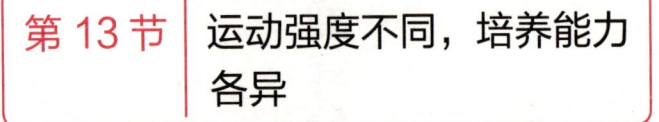

## 第 13 节 | 运动强度不同，培养能力各异

我的培训机构的教室，其实也是幼年孩子嬉戏玩耍的"天堂"。我们能让所有来这里学习的孩子都能爱上运动。

对于孩子而言，"学会一件事"能大大增强他们的自信心。而运动则属于成效最显而易见的一类本领。

### 高强度游戏锻炼心肺功能

快乐是让孩子们爱上运动的一大法宝。另一方面，在孩子的成长过程中，也需要一些激烈的、拼尽全力的运动，这有助于锻炼他们的心肺功能。

不过在孩子进行高强度运动前，我们必须注意以下几点。首先年幼的孩子对自己喜欢的事十分投入，但对于自己没有兴趣的事则不够关心。例如，长跑项目中，孩子们很难有决心和毅力坚持到终点线。

因此我们不能一味地让他跑步，而要添加一些例如扮鬼捉迷藏的要素，孩子才能高高兴兴地完成高强度运动。

类似这样需要一口气全力长距离奔跑的运动能够刺激并锻炼孩子的心肺功能以及循环系统。

不过如果孩子平时就不太习惯运动，同时也不习惯奔跑，那就要在他能接受的范围内，每天陪他做一些带有游戏要素的高强度运动。

每天在合理的范围内增加些带有"游戏成分"的高强度运动，或许是一个不错的选择。

## 中等强度运动锻炼注意力

最新研究展示了一组值得关注的数据。运动强度和人的注意力有着一定的联系。

运动强度太高或太低，都不利于大脑细胞活跃，而中等强度或略低于中等强度的运动更能提高注意力。

我们接下来介绍的一些按照一定节奏进行的运动、轻松的腿部运动等中等强度的热身运动，都有助于提高注意力。

让心率达到每分钟130～140次的运动能够瞬间提高大脑的清醒程度（注意力），这对于提高学习和工作效率十分有效。

不同的运动强度可以培养孩子各方面不同的能力。因此各位家长应该在日常生活中，有针对性地让孩子进行各种不同强度的训练。

# 第3章 "动静"分明

## 运动带节奏——模仿动物或节日传统舞步

**游戏目的**
- ★ 有节奏地活动身体，可以锻炼身体和大脑的协调性。
- ★ 锻炼弹跳力。
- ★ 锻炼注意力。

### 青蛙拍脚板

☑ **游戏方法**

变身成小青蛙，拍拍脚掌。双手支撑身体，髋关节张开，两脚互相拍打。如图 3-1 所示。

☑ **培养能力**

支撑力——锻炼大臂、肩周、后背的力量。两手撑地运动，不仅能让孩子练习摔倒时如何保护要害部位，还对呼吸、体态和大脑活动有很好的影响。

平衡性——孩子需要通过角度合适的弹跳才能完成动作，这可以锻炼他的平衡性。

想聪明，动起来：让孩子智力超群的运动游戏

图 3-1 青蛙拍脚板

空间认知能力——调整弹跳高度，保证完成拍脚板动作，同时锻炼认知周围空间和自己身体的位置关系的能力。

**鳄鱼漫步**

☑ **游戏方法**

变身成生活在水中的大鳄鱼。匍匐在地面上，绷

第 3 章 "动静"分明

紧身体。五指张开紧贴地面，目视前方爬行。如图 3-2 所示。

☑ 培养能力

髋关节活动范围——腿部张开交替蹬地爬行，这样的动作可以扩展髋关节的活动范围，从而提高身体

图 3-2 鳄鱼漫步

灵活度，避免意外受伤。

躯干——学着鳄鱼的姿势前进，需要调动身体的核心力量。反复练习这组动作，可以提高躯干的稳定性，提高步行时的安全度。

悬吊力——锻炼仅凭双臂吊起身体的力量。单杠运动需要强大的悬吊力。

### 海獭仰泳

☑ **游戏方法**

变身成在海中畅游的海獭。仰卧在地板上，双手握拳放在肚子上。双膝弯曲再伸展，双脚蹬地步步向前蹭。如图 3-3 所示。

☑ **培养能力**

腿部力量——反复蹬地前行，可以锻炼孩子腿部的力量。

第 3 章 "动静"分明

**图 3-3　海獭仰泳**

非日常的新鲜感——仰卧蹬地前进，这是一种平时很难体会的感觉。通过这类异于往常的训练，可以让孩子的身手更加灵活。

平衡性——为了尽可能地沿直线前进，双脚蹬地时需要发力均衡，同时也要注意摆正重心，在这一过程中，孩子的平衡性就得到了锻炼。

### 鸭鸭前进

☑ **游戏方法**

变成一只可爱的小鸭子。双腿岔开,身体下蹲,踮起脚尖,摆出鸭子的姿势缓缓前进。如图 3-4 所示。

☑ **培养能力**

平衡性——迈步时需要注意保持身体平衡,不要

图 3-4 鸭鸭前进

# 第 3 章 "动静"分明

摔倒，而前行时也要注意，不要朝左右摔倒。身体保持正确姿势的时候，就能锻炼平衡性。

腰腿力量——垫脚前进时小腿紧绷，可以锻炼腿部肌肉、腹肌和背肌等。

## 节日舞步

### ☑ 游戏方法

今天就是期待已久的儿童节啦！高高兴兴地和小朋友们跳舞吧！一边练习舞步，一边用拍手配合"咚咚咚"的鼓点。如图 3-5 所示。

### ☑ 培养能力

弹跳力——指尖、脚尖、膝盖周围的肌肉属于平时不太能用到的部分，但跳跃运动可以锻炼这些肌肉。小腿号称人类的"第二颗心脏"。想要练好小腿，就要先促进全身的血液循环。

图 3-5 节日舞步

节奏感——边跳舞边拍手，可以锻炼节奏感。大幅度跳跃时，手臂需要顺势摆动，引导身体向上跳跃。选择起跳时机也能锻炼节奏感。

平衡性——起跳再着地，接着又要起跳，这样的练习能让身手更加灵活。而不断练习保持姿态、防止身体左右晃动的过程，也能锻炼孩子的身体平衡性。

第 3 章　"动静"分明

> 树叶转圈圈

☑ 游戏方法

奋力卷起一股旋风吧！用卷起的树叶迷惑敌人。如图 3-6 所示。

配合大人击打铃鼓的节奏，弹跳旋转半周（180°）。习惯之后，就开始练习配合节奏旋转一周（360°）。

图 3-6　树叶转圈圈

起跳转身的要领是：①弹跳的同时，用手腕带动全身运动；②起跳时两膝并拢；③平稳落地，完成整套动作。

☑ **锻炼能力**

弹跳力——练习弹跳，可以锻炼腹部到脚部的肌肉（包括大腿、腹部和小腿）。

节奏感——配合节奏小步跳接起跳转身的过程中，孩子会了解节奏和动作的周期性，久而久之，就能更加富有节奏感。

平衡性——想要流畅地完成起跳转身，就要保证体态正确不偏不斜。反复练习就能锻炼身体的平衡性。

## 第14节 | 大脑不擅长"忍耐"

孩子出生后，首先会通过"活动"来学习生活。但是婴幼儿对自己的身体尚未形成概念，所以并不能随心所欲地做活动。

想要让身体随心而动，首先大脑需要给肌肉下达指令，肌肉接收指令后，还需做出正确的反应。因此就需要经常练习。

孩子正是通过各种活动，才学会了生活技巧的。

刚出生的婴儿，肌肉能够接收大脑的指令后，就会尝试着模仿别人的动作，再过一段时间，才会学习语言。最后才会学习生活技巧和社会规则。

## 不动岂能停

虽然新生儿会努力活动身体，但他们这时的运动，仅仅相当于汽车踩下了"油门"。一辆车既有油门，又有刹车，想要制动就要踩下刹车。

**人类的大脑其实最不擅长忍耐，所以孩子一出生就开始挣扎**。随着孩子慢慢长大，他们才逐渐掌握了"制动"的方法。

换句话说，**孩子是先学会踩油门，才学会踩刹车的**。只有灵活运用油门和刹车，孩子才能真正学会如何控制自己的身体。

只要我们了解一下脑神经的发育规律，就能理解这个问题了。脑神经分为兴奋神经递质和抑制神经递质。兴奋神经递质的作用类似油门，而抑制神经递质的功能则类似刹车。

下面来看看孩子的发育过程吧。如图 3-7 所示。

第3章 "动静"分明

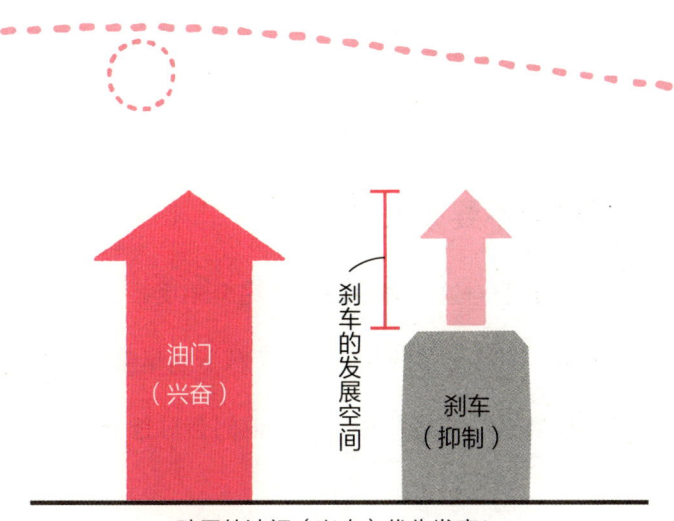

孩子的油门（兴奋）优先发育！

图 3-7 先发育油门，后发育刹车

1～3岁的时候，孩子很难克制住自己。只要环境稍微有些吵闹，他们就会哇哇大哭，乱蹬乱踹。

但从4岁开始，孩子会渐渐学会抑制。这时他才学会"随机应变"。

因此我们也要注意儿童的发育规律。首先应该先让孩子"好动"，给他创造更多运动的机会。然后孩子才会逐步学会如何给自己"踩刹车"。

## "忍耐"不要教太早

有些朋友对这套理论的意见完全相反。他们认为忍耐力是一项最重要的品质,希望孩子越早学习越好。而孩子最敬重的就是父母,所以他们会对爸爸妈妈言听计从。

但是在前文我已经讲过,小孩子一般是先由兴奋占主导地位,然后再学习抑制的,而非先由抑制占主导地位,再学习兴奋。

人们往往喜欢听话的孩子,但如果从儿童发育的角度来看,听话未必就是好事。

从大人的角度来看,好静不好动的孩子才是安分老实的好孩子。但是一直踩着刹车,是学不会控制自己的情绪的。这时候,孩子很可能忍耐冲破极限,一脚油门踩到底。到了这个地步,再踩刹车也抑制不住自己的情绪了。

第 3 章 "动静"分明

所以，日常生活中我们不能只关注刹车，而应该实时地让孩子踩油门，只有先踩油门，练习刹车才有意义。

当然家长应该密切关注正常踩油门的孩子的一举一动，当他们无法自主踩下情绪的刹车时，你就要跟他讲明白刹车的重要性。

从小乖巧懂事的孩子，长大后也未必一定成才。你是不是也看过那些平时老实巴交，脾气一上来就揪着人骂，因为鸡毛蒜皮的小事，就跟人大打出手的人呢？

## 如何让刹车更有效

在家长看来，孩子在踩油门的时候，即处于兴奋状态的时候，总是叽叽喳喳，根本静不下来，而且还会特别麻烦，特不让人省心。

但是这才是教会孩子踩刹车的重要时机。孩子小时候，只对自己热衷的事物下功夫，除此之外一切"免谈"。

所以事情顺利的时候，他会十分卖力，一旦稍微逆了他的心思，就开始耍小性子闹别扭。在他耍性子的时候，你就要问他："你为什么要这样啊？"关键是，家长要站出来指导孩子控制情绪。

如果孩子想再多做一会儿自己喜欢做的事，就会进入下一个阶段。

从孩子三岁半开始，家长就要有意识教他学习忍耐，先做必须做的事，再做自己想做的事。

如果你能教会孩子按照这个顺序做事，等他上了小学，真正开始学习的时候，他也能先完成作业，先去兴趣班，先完成和家人的约定，再玩自己喜欢的游戏。

有些人即便进入社会，也还是不按套路出牌，总喜欢随着性子做事，那么他的生活肯定处处碰壁。

第 3 章 "动静"分明

请记住，越小的孩子越不习惯忍耐，所以我们要首先培养孩子的兴奋神经递质。

并且，我们还要结合孩子的年龄段和发育阶段，让他们循序渐进地学会忍耐。

### "狡猾"也是一种实力——错开时机

| 游戏目的 | ★ 培养观察对手行动的能力。<br>★ 锻炼兴奋和抑制交替切换的能力。<br>★ 动作标准，不拖泥带水，可以锻炼掌握动作幅度大小的能力。 |

**整蛊跳绳**

☑ 游戏方法

不要被爸爸妈妈的"诡计"蒙蔽，顺利完成跳绳吧！

绳子在孩子的脚边左右摇动，家长边数数，边摇绳子,时不时地突然暂停。绳子一旦停下,孩子便不能起跳,而要保持静止。

大人在准备暂停摇绳前,要给孩子提示,可以试

图 3-8 整蛊跳绳

着提高声音，或者动作幅度加大。等孩子习惯之后，则可以只加大摇绳幅度，而不给他任何提示。

也可以尝试身份互换，让孩子负责摇绳，大人跳绳。

☑ **培养能力**

迅速转换动作的能力——迅速切换动作的能力和"忍耐力"密切相关。而很多时候，孩子都需要"忍耐力"，如接受大人的指示并完成时、参加自己不喜欢的活动时。总之很多"被动"行为都离不开忍耐力。

但是，真正意义上的忍耐力，则是孩子发自内心、经过深思熟虑，做出正确选择的能力。如孩子很想玩滑梯，但还有好久才能轮到自己。或者孩子在开饭前要忍住不吃零食。注意，这些都是为了达成某种目的，经过自主思考之后选择的"忍耐"，这才是生活中真正需要的忍耐。

前文提到忍耐力与"转换力"相关。而这种能让人由动到静迅速转换的游戏，恰好能锻炼孩子由活泼（兴奋）迅速向忍耐（抑制）转换的能力。

节奏感——通过计算绳子摇动的周期锻炼节奏感。除了运动，有很多日常活动也十分适合锻炼孩子的节奏感。如上楼梯的时候，有不少人会"一二一二"地给自己打节拍。

控制身体节奏、锻炼抓住时机的能力，不仅能提高孩子的跳绳水平，更能帮助孩子在很多游戏、活动、运动项目中取得好成绩。

弹跳力——两腿并拢，跳过长绳，这就是锻炼弹跳力的好办法。

第3章 "动静"分明

## 第15节 | 培养三种注意力

人的注意力可以分为三个种类。

第一种是"注意力转换的能力",第二种是"集中于一件事的能力",第三种则是"将注意力分配在多件事上的能力"。这三种注意力构成了 14 页介绍的"执行力"。

太多人觉得注意力只是长时间专注于一件事上的能力。换言之,他们只关注第二种注意力。我认为大多数家长都愿意培养孩子这方面的能力。

这时,家长最常做的就是敦促孩子"集中注意力""不能三心二意哦",但千叮咛万嘱咐,也无法让孩子的注意力集中起来。

关键在于,"注意力转换的能力""集中于一件事的能力",以及"将注意力分配在多件事上的能力"是不同的,而提升这些能力也要遵循一定的顺序。

## 注意力转换的能力

小孩子不习惯长时间集中精力做一件事。

因此,我们应该先培养他们注意力转换的能力。小孩子经常是手里做着一件事,可不一会儿,就被另一件事分了心。这其实也是一种注意力转换。

重要的是"行所当行"。与其盯着一件事做,但做得拖拖拉拉,倒不如尽早开始完成其他任务。事事用心,便能锻炼注意力转换的能力。

我的机构从不会让孩子长时间做一种运动,而是会随机提供几种复合型训练,专门培养孩子注意力转换的能力。

我会播放舒缓的音乐,并让孩子们慢慢活动,而播放喧闹的音乐时,则要求他们快速运动。之后再换回舒缓的音乐，如此反复交替，就能锻炼孩子注意力转换的能力。

注意力转换不仅能在运动时锻炼，也能在生活中培养。请各位多去尝试。

## 集中于一件事的能力

孩子学会注意力转换之后，就可以进入下一个学习阶段。此时应该开始培养孩子集中于一件事的能力。

培养这种能力的时候，最开始可以给孩子创造一个无杂音、无杂念的环境。

例如，小学生在做作业的时候，家长如果还在旁边看电视、聊闲天，孩子怎么能专注学习呢？

所以请把电视关掉，尽量给孩子创造一个能让他专注完成手头任务的环境吧！这样他才能长时间地集中注意力做好一件事。之后通过改变与孩子互动的方式和说话的时机，让他专注一件事的时间越来越长。

## 将注意力分配在多件事上的能力

最后我们来看看注意力如何分配在多件事情上。这种能力对于成年人来说特别重要。

如工作时，我们很少能专心只做一件事，而是需要把注意力同时分配在多个任务（工作）上的能力。

这种分配注意力的方法，只有先掌握前两种注意力之后，才能学会。因此，我们要先让孩子掌握注意力转换的能力和集中于一件事的能力。

在这个基础上，我们可以开始下一步训练。例如，孩子在屋里玩的时候，顺便让他看看浴缸的水有没有接满。

虽然现在浴缸都支持自动进水，但我们还是可以用传统的水龙头接水。然后让他"五分钟后确认水温""十分钟后确认水量"。简单来说，就是让他边玩

# 第3章 "动静"分明

边完成另一个任务。

家长要告诉孩子,如果他光顾着玩,而忘记确认水量,浴缸里的水就会溢出来,所以一定要负起责任,看住水温和水量。

这样不仅能锻炼孩子管理自己时间的能力,还能锻炼他同时处理两件事的本领。

我认为类似这样的训练,在生活中比比皆是。希望各位一定要找机会,让孩子同时处理两个任务。

首先,我们应该牢记这三种注意力,了解自己的孩子目前处于什么阶段、什么状态,每天多和孩子沟通,掌握他的情况。

## 第 16 节 "兴奋""抑制"切换训练

上一节我们探讨了三种注意力。第一种是集中于一件事的能力，第二种是注意力转换的能力，第三种则是将注意力分配在多件事上的能力。

想要培养孩子这三方面的能力，最有效的方法就是兴奋、抑制切换训练了。

前文（108 页）提到，不论大人还是孩子，人脑的神经都有兴奋神经递质和抑制神经递质。

兴奋神经递质相当于汽车的油门，而抑制神经递质则相当于刹车。合理运用油门和刹车，在培养注意力方面有着至关重要的作用。

我们在日常生活中进行跑步等运动时，身体处于踩油门的状态，此时兴奋神经递质十分活跃。

第 3 章 "动静"分明

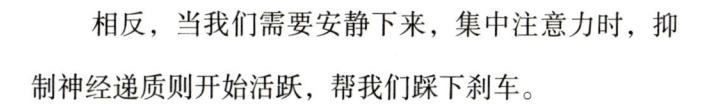

相反，当我们需要安静下来，集中注意力时，抑制神经递质则开始活跃，帮我们踩下刹车。

简而言之，我们在日常生活中离不开这两种神经递质的服务。

因此为了锻炼这两种神经递质，我们有必要带领孩子进行下面介绍的运动游戏。

平时多尝试这些可以锻炼兴奋神经递质和抑制神经递质的运动游戏，孩子就会逐渐学会"油门"和"刹车"的用法。

## 情绪的油门和刹车——动静切换训练

**游戏目的**
- ★ 培养兴奋和抑制相互切换的能力。
- ★ 激动人心的游戏中加入了瞬间安静的要素，这十分利于锻炼忍耐力。
- ★ 游戏中，兴奋和抑制不断切换，有效锻炼注意力。

## 魔法变身跳

☑ **游戏方法**

遇到神秘魔法师,让他教你神奇的魔法吧!想要变身,先跳 6 下!如图 3-9 所示。

首先告诉孩子:"这个魔法需要跳 6 下,然后才能变身 1 次哦。"然后假装对孩子施法。我推荐让孩子变身成那些需要静止不动的东西,如"稻草人"之类的。

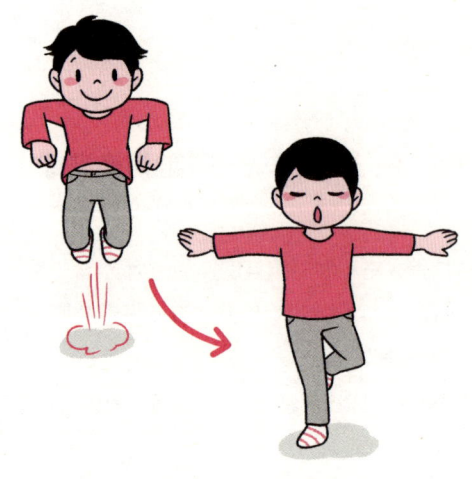

图 3-9 魔法变身跳

第 3 章 "动静"分明

☑ 培养能力

弹跳力——通过弹跳动作,可以锻炼从腹部到腿部(包括大腿、腹部、小腿)的肌肉力量。

抑制力——为了在第六下起跳后停住身体,第五次起跳的时候,就要为下一个动作做好准备。

我们的大脑在停止运动时,会更加活跃,按照规定次数完成动作后突然静止,这可以有效地锻炼忍耐力。

形象思维能力——形象思维,即鲜明、精细地描绘心中形象的能力。孩子需要根据家长的指示,变身成"稻草人"之类的事物。在这一过程中,孩子可以发挥想象力锻炼形象思维。

注意力——兴奋和抑制反复交替,锻炼三种注意力(参考本书第 117 页)的平衡。

## 袋鼠拍拍手

☑ 游戏方法

变成擅长弹跳的小袋鼠，蹦蹦跳跳拍拍手。原地连续跳，每次跳起的时候，都要按照家长规定的次数拍手。如图 3-10 所示。

图 3-10 袋鼠拍拍手

第 3 章 "动静"分明

可以偶尔不提示拍手次数，而是直接让他们"暂停"。突然停止活动，也是锻炼兴奋和抑制相互切换的好方法。等孩子习惯之后，就可以连续进行。

☑ 培养能力

节奏感——想边跳边拍手，需要跳得足够高。而想跳得高，就需要有节奏地摆动手臂，带动全身上提。选择正确的时机起跳，可以有效地锻炼节奏感。

弹跳力——通过弹跳动作，可以锻炼从腹部到腿部（包括大腿、腹部、小腿）的肌肉力量。

注意力——兴奋和抑制反复交替，锻炼三种注意力。

## 专栏 "借口"有大用

很多人认为，借口就是逃避责任、开罪于别人的行为。这似乎并不值得提倡。

但事实上，孩子在成长过程中，也应该学会这项技能。

对自己的言行不负责任确实不好，但是找借口的行为本身，也未必全都是错的。

例如，我们成年人要向别人说明一件事的时候，为了确保消息准确无误，就要掌握把"正确的信息合乎逻辑地表达"出来的能力。

但是，很多孩子的语言内容往往缺乏准确性和逻辑性。而找借口，正好能够锻炼语言的正确性和逻辑性。

### 借口也是成长的机会

孩子找借口，一般是因为做了不好的事或者遭遇失败，想要隐瞒一下。而这时正是他们的小脑瓜飞速运转的时候！

这个过程当然要用到语言能力和排序方面的数学

第 3 章 "动静"分明

能力。同时为了让借口符合逻辑，还需调动所有掌握的信息，决定"人物"的出场顺序，更要思考唤醒父母哪段记忆，才能让他们不朝"我"发火。总之，孩子找借口也是煞费苦心的！

听到孩子的借口，许多家长的反应是，立马阻止孩子继续"讲故事"，又急忙问"你是不是在找借口？"

但是如果我们能让孩子接着说，就可以趁机了解孩子的真实想法和此刻的心情，如孩子掌握了哪些信息，想要表达什么，和朋友相处的情况怎样，现在的价值观是什么。

因此，如果孩子有话要对你说，你应该先听完再评价。在倾听的过程中，你可能会发现一些不合常理的内容、不利于成长的内容，或者价值观不正确的内容。

找借口时，孩子满脑子都是"别让爸妈生气"，所以这也是孩子真情流露的时候。此时家长应该告诉孩子什么是好，什么是坏，应该多思考什么，帮助孩子改正错误。因此这也是一个改善亲子关系的好时机。

并且，通过沟通交流，孩子的逻辑性和思维能力也会获得提高。说不定通过找借口，孩子也能明白语言传递信息的难处，以及语言交流的重要性。

近些年，随着社交软件的普及，人们开始习惯用简短的语言交流。但是工作中或私下里，我们都离不开人际关系网。语言交流或用大段文字传递信息的技能，在今后仍需要学习。

全世界领袖级别的优秀人才的语言多是掷地有声，一言九鼎，又如春风化雨深入人心的，因此才有那么多人追随。

我认为，我们完全可以把找借口的行为视作孩子成长的诱因之一，只有这样，他们才敢于把语言当作自己的武器！

# 第 4 章

用运动培养『社交能力』和『合作精神』

## 第 17 节 | 什么是合作精神？

生活中，拥有合作精神十分重要。

那么合作精神到底是什么呢？

我们又要培养孩子哪方面的合作精神呢？

### 社会需要的能力类型

为了在社会上拥有一席之地，为自己、家人及身边的人奉献自己，我们自身就要具备过硬的能力。

首先是"解决问题的能力"。有些人不去解决自己的问题，遇到问题想都不想，就直接朝别人要答案，结果问题还是得不到妥善解决。这些只知道按照别人的吩咐办事的人是无法为周围人服务的。

第二种能力是"独立思考的能力"。某种程度上，

第 4 章 用运动培养"社交能力"和"合作精神"

这也是"对自己负责"的一种表现。作为成年人,具备这种能力则更能令人信服。反之,做事优柔寡断,习惯埋怨别人的人永远不会成长。

第三种能力是"社交能力",这种能力同样十分重要。与对方谈判时,需要同时考虑对方利益和己方利益,又要在这个基础上思考可行性方案。很多人都不擅长交流,但是社会国际化大势所趋,不同文化背景的人与人之间的交流也愈发密切,因此沟通能力对于孩子来说至关重要。

## 什么是真正的合作精神?

拥有合作精神的人会在人际交往中发挥这一优势,有时候会为了别人压抑自己的想法。

我认为合作精神即是"与人携手并进,互帮互助,朝着最有希望的方向前进"的精神。

受人之托必办忠人之事,如果遇到难以抉择的情况，就和团队成员共同探讨，征得大家的同意后再做定夺。在发挥自身实力的同时，与团队成员互帮互助，偶尔压抑自己的想法，选择和团队站在一起——这才是社会需要的合作精神。

看来，合作精神并非单纯地和别人保持步调一致，而是要求人们在社会生活中，充分发挥自己的能力，并且独立思考，这才是培养合作精神的正确方法。

有些人特别害怕冒犯别人，所以他们习惯和别人保持步调一致，尽量默不作声，压抑自己的想法。这些人都懂得看人脸色行事，如果别人和自己的观点不一样——那一定是"我"错了。正所谓"顺情说好话，耿直讨人嫌"，多年来这股歪风竟被解读成"合作精神"。

但是当下是一个极其需要个人表现的时代。言所欲言，行所当行。既然你能接受不同的意见，别人也应该倾听你的想法。

人一旦失去了自我，就只会一味地迎合别人，随

## 第4章 用运动培养"社交能力"和"合作精神"

波逐流。新时代的孩子应该在保持独立思考的同时,不断地培养合作精神,以适应这个世界。

如今,无条件迎合他人被奉为美德的时代已经宣告结束。为了让自己的能力发挥作用,为了找到更多志同道合的朋友,我们就不能再把合作精神单纯地理解为看人脸色行事了!

### 大家一起玩——集体参与的运动

游戏目的
★ 通过集体游戏,培养社交能力。
★ 在同一规则下进行游戏,能发现更多快乐。

#### 躲毒绳

☑ 游戏方法

敌方士兵拉着浸满毒液的绳子朝你跑来。快跳过去,不要被毒绳碰到啊!如图 4-1 所示。

想聪明，动起来：让孩子智力超群的运动游戏

图 4-1　躲毒绳

画两条间隔 25 厘米的线，再沿线贴上胶带作为标志。由 2～3 个孩子并排站在两条线中间。

大人抓住长绳两端，绳高大致在孩子的小腿，保持高度冲向孩子。孩子要通过跳跃躲避长绳。起跳前、着地时，都不允许超过两条界限，只允许原地跳。

## 第4章 用运动培养"社交能力"和"合作精神"

☑ **培养能力**

抑制力、注意力、合作精神——孩子要看准时机和别人同时起跳,才能跳过毒绳。如果只顾自己,不顾朋友,搞不好就让朋友或自己遭受毒绳之苦了!

孩子要观察别人的动作,等到朋友开始屈膝,然后自己才能准备起跳。为了完成动作,孩子需要同时关注朋友、毒绳的动向,这其实也在锻炼孩子的注意力。而控制自己的动作,则需要抑制力。孩子们齐心协力朝着同一个目标努力,最终达成目标。在努力的过程中,他们的合作精神也得到了锻炼。

这些能力属于"非认知能力",并不能用来衡量IQ。非认知能力也是我们生活中必不可少的能力,它主要包括"朝着目标努力前行的能力""与人和谐相处的能力""控制自己情绪的能力"等。

弹跳力——跳绳可以锻炼弹跳力。有报告指出,增强腿部力量不仅是人类特有的直立双足行走的基础，同时也能锻炼大腿肌、大臂肌、背肌等腰腿部的大块肌肉，从而让大脑的运转更加活跃。

### 变石头

☑ 游戏方法

别被大人发现，快使用石头变身术，偷偷接近大人再拍他一下。如图 4-2 所示。

图 4-2 变石头

## 第4章 用运动培养"社交能力"和"合作精神"

这种类似"一二三木头人"的游戏需要多人参与。首先由2～4个大人扮鬼，站立远处。随机挑选一人大喊"发现敌军了"，并转身。孩子趁大人尚未回头时接近大人，等大人回头时，就要静止不动。

也可以让孩子模仿动物走路的姿势。但躺着或坐着容易发生踩踏事故，为了避免危险，一定要保持站姿。

☑ **培养能力**

纪律性、抑制力——从4岁开始，孩子应该多接触一些有规则的游戏。这样他就可以理解自己身处的团体的纪律（规则），而且如果不守规矩，就不能和大家好好玩耍了。

明白了游戏的规则，在严格遵守的前提下，才能从游戏中获得快乐。在了解纪律重要性的同时，孩子也能理解不守规则就不能好好玩耍的道理。

另外，守规则、一同玩耍，也有助于增进互信，这能让孩子将来适应更高难度的"游戏"。体验和朋友互相信赖的感受，也能教会孩子如何关心他人、提高沟通能力。

判断力——大人说出"发现敌军"时，孩子潜行接近，等听到"了"的时候，就要马上停下，无形之中锻炼了判断力。

大脑中的"前额叶皮层"负责做判断。而前额叶皮层又负责管理我们的"知识、情绪、欲望和忍耐"。我们可以回顾第 4 页对这个部分的介绍。前额叶皮层的特征是：人类运动时，它会休眠；而人类在静止、抑制时，这部分反而会活跃起来。

通过游戏，孩子可以锻炼前额叶皮层，从而合理地控制欲望、感情，即便遇到令人生气的事，也能保持冷静，做出正确判断。

核心力量、平衡性——这个游戏需要参与者"忽动忽静"，因此有时候可能需要单脚站立或身体前倾。

第4章 用运动培养"社交能力"和"合作精神"

孩子需要保持重心不稳的姿势一动不动。在游戏的过程中，孩子的核心能力也能得到锻炼。

核心力量的提升不仅有利于运动，还能促进学习。因为躯干支撑后背，能让头部更加稳定。头部稳定了，孩子就能很好地"阅读""聆听"和"思考"了。因此核心力量和认知功能也有联系。

## 第18节 在大自然中培养"思维能力"

对于孩子来说，在大自然的怀抱中畅快运动，这是相当快乐的体验，而且在大自然中也藏着许多成长的秘密。

但是这一代孩子在大自然中玩耍的机会很少，因此他们习惯了在预设好的环境中，使用用法固定的工具玩耍了。但是，这会让孩子失去发现新世界和带着思考玩耍的能力，从而导致孩子的创新意识降低。

孩子在大自然里玩耍的时候，经常需要自己寻找好玩的新鲜事物。自然环境会根据季节变化，山川、河流，还有大海……地点不同，环境也不一样，每次都有不同的乐趣。

另外，大自然中有很多日常生活中找不到的东西。

只要合理运用，就能发明出很多好玩的东西，也能帮助孩子积累各种经验。而这就需要孩子独具匠心，有一定的"思维能力"。

## 大自然让你放飞想象力！

"独立思考"是孩子成长中必不可少的能力。在大自然中嬉戏，可以积累很多日常生活中不能获得的经历，因此可以拓宽孩子的视野和思路，深化孩子对万事万物的理解。孩子可以摆脱使用方法固定的道具的束缚，就地取材，放飞想象，自由玩耍。同时，孩子还能在大自然中慢慢积累各种经验。

另外，亲近自然，孩子还能感受到季节的变化，一草一木，一叶一花，都在季节中不断换装。这是从书本中得不到的体验，它能让孩子体验自然的细微变化，从而主动研究这背后的原因。最终这些行动都会转化为孩子深入学习的能力。

**孩子在大自然中接触各种新鲜事物，可以激发深度学习能力**，最终提高孩子的生存能力。

父母希望孩子在日常生活中掌握的能力包括学习能力，以及社交生活必需的礼仪和规则，然而这些技能在某种程度上都是一些人为的规定。但这并不是孩子生活中唯一需要掌握的技能。

孩子到了一定年龄后，总要离开父母独立生存。等他们自立的时候，最需要的其实是独立思考、自我成长的能力。

如果孩子长大之后，还要靠人指挥才能生活，那么他的未来一定不堪设想。想要培养孩子自力更生的能力，那就让他在大自然中积累经验吧！

## 开阔视野的契机

如果孩子观察大自然中的树木，就会发现，即便是同一种树的树枝和树叶，也可能有大小、颜色和纹

## 第 4 章　用运动培养"社交能力"和"合作精神"

理上的区别，也能分成很多种类。这就是"看似相近，实则不同"的道理。

孩子们生活在各种工业品的包围中，其实很难理解这些差别。

而且理解大自然和理解自己，从某种程度上来看，确实很相似。

同样的年纪，就读同一所学校的学生，每个人都有各自的性格。正因为各有不同，才会各有强项。"看似相近，实则不同"的反义词是"看似不同，实则相近"。在大自然中的体验，能让孩子切身体会其中的含义。

孩子会在生活中积累各种经验。有时开心，有时悲伤，有时还伴随着痛苦。

这时，每个人都会产生不同的想法，也能意识到自己拥有各种优势和特殊技能，这对加深对他人的理解和培养同理心有着很大的作用。

## 自然让孩子更"健壮"

无论在哪里,都会有自然灾害,因此孩子需要掌握在危急关头保护自己的能力。例如,家里有煤气,自然方便点火做饭,但在自然环境中,生火是相当困难的。

而在大自然中,我们有的是机会学习这些"求生之术"和"防身之术"。

各位家长,希望你们在不同季节都带着孩子拥抱大自然,培养孩子的生存技能。

### 放松运动——伸伸手,扭扭腰

| 游戏目的 | ★ 关注身体姿态,能够让孩子更加了解自己的身体。<br>★ 轻手轻脚,能让内心更加平和。<br>★ 拉伸运动能消解疲劳。 |
|---|---|

## 第4章 用运动培养"社交能力"和"合作精神"

### 手臂拉伸

☑ 游戏方法

①拉伸由肩膀到手臂的肌肉。单臂伸开朝胸前靠拢,再用另一条手臂夹住,慢慢往怀里推。注意肩膀不要抬得太高。

②拉伸手腕和手臂内侧的肌肉。单臂伸展,手心朝内。用另一只手的手指向前拉伸。抬起手臂更有利于拉伸肌肉哦!

如图4-3所示。

### 双腿拉伸

①拉伸髋关节到小腿的肌肉。两膝着地,单腿朝前跨一大步,双手扶膝。上半身挺直,弯曲迈出的那条腿的膝盖。此时要保持膝盖不超过脚跟,努力朝前跨步。上半身保持现在的姿势,眼睛朝远处看。

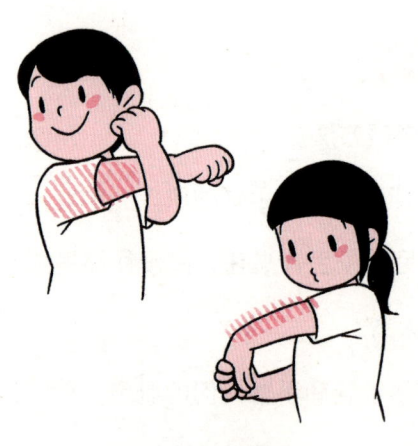

**图 4-3　手臂拉伸**

②髋关节拉伸。两腿左右张开，两手前伸。慢慢让上半身朝前靠，保持姿势。

③拉伸臀部到大腿的肌肉。平躺身体，单膝抬升到胸口。用双手握住膝盖，注意不要抬起臀部或腰部。如图 4-4 所示。

**侧身拉伸**

腿部张开，与肩同宽。双手交叉，手掌朝外，手

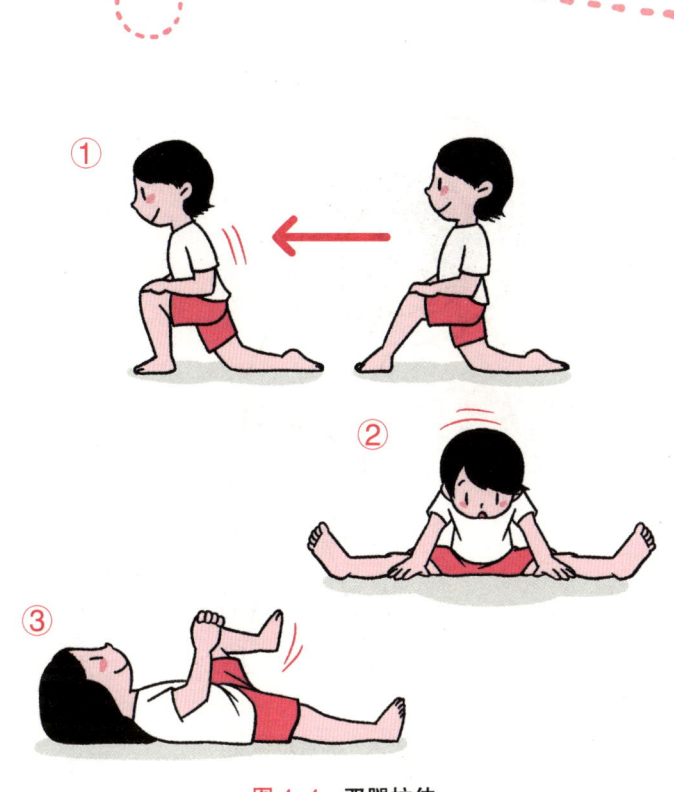

第 4 章 用运动培养"社交能力"和"合作精神"

图 4-4 双腿拉伸

臂向上拉伸。身体成弓形单侧拉伸。如图 4-5 所示。

☑ **培养能力**

柔韧性——通过拉伸动作，可以扩展肌肉、肌腱的伸展范围，让身体更加灵活，还能防止受伤。

想聪明，动起来：让孩子智力超群的运动游戏

图 4-5　侧身拉伸

对身体的认知——有意识地伸展身体的每个部位，能够加深对自己身体的认知。对身体有充分的认识，才能自由自在地控制自己的身体。

抑制力——高高兴兴玩了一场之后，进行伸展运动，可以锻炼"由动到静"迅速切换的能力。

第 4 章　用运动培养"社交能力"和"合作精神"

## 第 19 节 | 用运动控制冲动

在我们做某个动作的时候，大脑会给肌肉释放信号，肌肉再配合信号做出相应的动作。不过这种信号并不是仅由大脑向肌肉单方向传达。肌肉也会向大脑发出信号，大脑也是需要和肌肉互相"交流"的。如图 4-6 所示。

根据最近的一项研究显示，运动可以让肌肉向大脑发出信号，这种信号进入大脑之后，大脑就会更加活跃。

我也在研究中发现，中等强度的训练，如相当于慢跑强度的运动，可以促进思维活跃，提神醒脑。

运动后，大脑最为活跃的部分是大脑前额叶皮层（新皮层）的背外侧部分，它位于太阳穴偏上的位置（请参考第 4 页）。

这位肌肉"老兄",注意,准备金鸡独立!

大脑制定计划
↓
通过电信号发号施令
↓
肌肉运动
↓
做出动作后反馈给大脑
↓
动作修正

站得不太稳啊但我还撑得住~

图 4-6　脑与肌肉的关系

大脑前额叶背外侧部分能控制人的兴奋和抑制,号称"大脑的司令塔"。

## 第4章 用运动培养"社交能力"和"合作精神"

正如第4页所述,大脑的各个部分分别负责控制视觉、语言等功能,它们各司其职。正是前额叶皮层的背外侧部分,整合了大脑不同部分的功能,并帮我们下达最终的指令。

但这并不意味着整个大脑都需要充分活跃。只有在必要时刻,需要调动的部位才会活动,而其他部位则会处于休眠状态,因此大脑的效率才会如此之高。

运动能促进大脑活跃,让大脑高效顺畅地发挥作用。

### ▌运动也能帮我们控制情绪!

在孩子的成长过程中,他们有时需要控制自己的情绪。

如被父母责备,被朋友欺负,或者感到很不顺心的时候,孩子很难控制自己愤怒或悲伤的情绪。但是,孩子不能永远这么任性。随着年龄的增长,他必须学会如何控制自己的情绪和冲动性。

控制情绪主要依靠大脑前额叶背外侧部分发挥作用。因此想要锻炼控制情绪的能力，运动是一个很有效的方法。

运动不仅能提高体力、锻炼肌肉，让身体更加健康，还能锻炼我们的大脑。例如，运动能帮我们提高控制情绪的能力，也能让我们的注意力更加集中。

让孩子每天锻炼身体，追求的当然不只是胜负。只要保持锻炼的习惯，孩子就能更加顺利地成长。

另外，即便孩子技不如人，输给了别的小朋友，这种因失败产生的"悔恨"，也是人生中重要的一课，因为他能锻炼孩子抑制悔恨情绪的能力。

明白这个道理之后，即便孩子输了比赛，家长也不应该说他"真没用"，更不能对他做出消极评价。而应该积极面对，告诉他"下次你一定会做得更好"。

另外，听了你积极的评价，孩子在和你进行亲子

第4章 用运动培养"社交能力"和"合作精神"

游戏时，也会感受到更多乐趣。

最后，希望各位家长重视运动对孩子心灵的影响。

### 多方位地看待事物——通过表情读懂对方的小心思

> 游戏目的
> ★ 培养读懂对方情绪的能力和想象力。
> ★ 训练通过表情展现感情的能力。
> ★ 通过活动面部肌肉，为咀嚼和发音打好基础。

**变脸术**

☑ 游戏方法

潜入敌人的老巢。做出各种表情，别让敌人看透你的心思。如图4-7所示。

首先由大人带头做出表情，不论喜怒哀乐，孩子都要正确地模仿。

等孩子习惯做出各种表情之后，开始由孩子先做

想聪明，动起来：让孩子智力超群的运动游戏

图 4-7 变脸术

出各种表情，然后大人来猜是哪种。

☑ 培养能力

表情肌——通过做出喜怒哀乐的夸张表情，锻炼面部肌肉。灵活的面部肌肉能让咀嚼和发音更容易。

形象思维能力——大人发号施令，孩子想象情感和表情，这能很好地锻炼孩子的形象思维能力。

观察力、表情辨识能力——想要读懂对方的表

## 第4章　用运动培养"社交能力"和"合作精神"

情，理解表情背后的情绪，就要具备细致观察对方表情的观察力。孩子需要通过观察眉毛、眼睛和嘴巴这三个部位，来推断对方的情绪。通过对方的肢体动作、表情等推理对方情绪时，这三个部位是最重要的抓手。

玩这个游戏，能够培养孩子的观察力，而这方面的能力，在人际交往中尤为关键。

另外，表情辨识能力，可以让我们仅凭对方的表情，就能正确分析出对方的心情，从而帮助我们构筑和谐的交际圈，让沟通更加通畅。

正确表达个人情绪的能力与察言观色的能力同样重要。

理解对方的情绪，并通过自己的表情做出正确的回应，这同样能让人们的交流更加顺畅。

## 第20节 通过运动学习礼节和思考

正如前文所说，多运动，多体验成功和失败，这对于孩子的成长而言相当有意义。

孩子在成长过程中，需要学习很多本领，但没有一项技能可以瞬间学会。孩子需要多次反复练习，慢慢学习，逐步掌握一项技能。

### 成败交替，培养能力

运动也不能急于求成。如练习投球、击球，也要通过多次失败，逐渐积累经验，最后才能学会。

因此，运动既能给孩子成功的经验，也能给他们失败的经验，这就是运动的好处之一。

另外，很早以前，人们就认为孩子也能通过运动

## 第4章 用运动培养"社交能力"和"合作精神"

学习礼仪和教养。如筷子的用法、如何答谢、如何和人打招呼等礼仪，这些都不是一天就能学会的。

有家教、讲礼仪，这是长年累月训练的结果，而不是人们与生俱来的天性。因此，越是需要刻苦训练的运动项目，就越有助于孩子礼仪和教养的养成。

运动提高的不仅是动作的准确度和技术水平，也能让孩子更有教养，更擅长和朋友交际，这些都是生活中必要的技能。希望各位关注运动在这方面的作用。

而且，为了培养孩子今后的"生存能力"，我们也要重视在运动过程中，培养孩子的新能力和新技术。

首先，我们要了解孩子现在到底会做什么，不会做什么。

下一个阶段就要让孩子通过反复练习，掌握那些从前不会的技能。

再接下来，我们试着把眼光放长远些。思考每项活动能让孩子掌握哪方面的技能，孩子本人应该关注什么，又该做出怎样的努力。根据这些问题有的放矢地设定目标。

只要让孩子循序渐进，踏踏实实地做运动，相信早晚有一天，他们会掌握新能力和新技术。

## ▎不能"只练不想"，而要"边练边想"

运动还能培养孩子的"思考"能力，进而形成"思维方式"。

现如今，计算机编程已经越来越受家长的重视。编程课的教学目的并不是让孩子可以像系统工程师一样，学会各种复杂代码，或操纵机器人。而是让孩子学会按照逻辑顺序思考问题的本领。

例如，初学编程的时候，编出的程序肯定是错误百出，无法正常运行的。这时孩子就会根据错误提示，找到问题出在哪里，发现关键性问题，最后再设法解决问题。这就是设立编程课最重要的目的——培养孩

第 4 章 用运动培养"社交能力"和"合作精神"

子的思考能力。

正如前文所述，运动和编程十分类似，都有助于培养孩子的思考能力，并让孩子形成自己的思维方式。

很多家长都希望孩子均衡地掌握多方面的技能。运动也并非按图索骥，不需要任何思考就能完成的。家长应该指导孩子，让他们看看专业运动员的视频，并模仿运动员的动作，或者看看自己失败时的录像，吸取经验，这也能培养他们独立思考的能力。

## 养成客观看待指导和意见的能力

假如在运动训练时，接受教练的指导，或接受朋友的建议。此时，选择虚心接受，也能对你的未来大有裨益。

虽然他人的指导和意见中，不乏否定性的言辞，但在否定的背后，是对方对你的关切之情。我们应该让孩子养成这样看待批评意见的习惯。

语言有时候就像一把能刺穿人心的利刃，这点在邮件往来中尤为明显。如果行文不够用心，很可能让对方会错意，伤透对方的心。有时候大人应该替孩子"翻译"一下，让孩子从俯视的角度审视自己的语言是否得体。大人还要让孩子明白"他为什么要这么说"。大人要和孩子一同思考问题，这样孩子幼小的心灵才能得到宽慰。

在共同思考的过程中，孩子也会积极开动脑筋，因此他们的"思考力"也会得到锻炼。养成这个习惯之后，即便遇到不合理的事情，他既不会逆来顺受，也不会以暴制暴，而是会去思考"为什么不合理"。这才是最明智的活法。

各位家长，请你们一定要立足于时代，培养孩子的生存能力。让孩子多去挑战，多体验失败和成功的经验。

另外，在培养思维能力方面，除了运动技巧，我们还应该关注孩子的内心成熟，平时多和孩子交流感情。

第4章 用运动培养"社交能力"和"合作精神"

## 理解自己、对方、目的、手段的含义——找到自己的职责

游戏目的
★ 根据对方的行动,相应地做出最合理的反应。
★ 总揽全局,找到达成目的的最佳途径。

### 小碗翻身

☑ 游戏方法

一边逃离敌人的追捕,一边使用巧计相互牵制。如图4-8所示。

①用长绳或胶带在地上标出一个大圆圈。在圆圈中央正反数量相等、位置随机地放置小碗。让孩子分成两组(一组把正放的碗翻过来,一组则把倒扣的碗正过来)。

②轮番播放节奏差异很大的两段音乐,同时让孩

想聪明，动起来：让孩子智力超群的运动游戏

图 4-8 小碗翻身

子跟着节奏顺时针沿着外圈跳。

③大人发出"预备——开始！"的指令后，孩子跳入圆圈中间，把小碗翻过来。孩子要记住自己翻了几只小碗。

## 第4章 用运动培养"社交能力"和"合作精神"

④大人再次发出指令后,孩子就要回到圆圈外接着跳,接着仍旧是伴随音乐重复第②、③步。最后公布自己翻了几只碗。

☑ **培养能力**

视觉功能——为了找出自己小组需要翻过去的碗,孩子必须关注到圆圈内的所有小碗。观察整体的同时,孩子又需要拉近视角,锁定自己准备翻过去的那只小碗——通过拉近拉远两个动作的反复交替,可以培养孩子两种视觉的切换能力。其中一种是整体观察事物的"纵览",另一种则是细微观察事物的"注视"。

视觉功能包括搜集外界信息的"输入型"(视力、眼球运动和双眼视功能等)能力、处理外界信息的"视觉信息处理型"(形态、空间位置关系、运动感知等)能力、将视觉信息传递给运动功能的"输出型"(阅读、书写、手眼协调等)能力。

视觉功能还包括双眼协调(双眼视觉)、视线指向

## 想聪明，动起来：让孩子智力超群的运动游戏

（眼球运动）、清晰聚焦（调节）等能力。

此外还有关注重要信息或关键部位而屏蔽不重要部分的能力（选择性视觉注意）、认识空间和形状的能力（视知觉、视觉认知）、记忆所见信息的能力（选择性视觉记忆）、观察并描摹图形的能力（构图）等"视觉信息处理"能力。

这些视觉功能不够发达，正是孩子学习成绩不够出众的主要原因之一。如果在幼年期就有意识地让孩子进行一些锻炼视觉功能的游戏，那么他自然能够掌握手眼协调能力。而手眼协调又能促进孩子学习"使用筷子吃饭""系绳结"，并让他们"写字不串行、不歪七扭八"。

第 4 章　用运动培养"社交能力"和"合作精神"

## 第 21 节　没有高智商也能出类拔萃

很多人都在思考：想要出类拔萃，就一定要有过人的智慧吗？

一般来说，人们愿意相信，大多数领导者都拥有过人的智商。但是事实一次次证明，仅凭学校考试分数体现的智力，并不能保证一个人能在社会上大显身手。相反，有很多人在学校时学业并不理想，最后却成了优秀的企业家。那么，想要在社会上拥有一席之地，孩子到底该具备哪方面的能力？

### 出类拔萃的必要能力是什么

想要在社会上出类拔萃，重要的不只是智商，还有其他很多值得注意的地方。

尤为重要的是沟通能力与合作精神，它可以让孩子与人通力合作，沟通无阻。假如你把孩子培养成了一个计算机达人，他却丝毫没有社交能力，也不擅长跟人交流。那么当他在公司需要和同事合作共同完成一个程序的时候，就会遇到很多困难。

自我管理能力同样十分重要。这是一种关注个人健康并按照正确生活规律生活的能力。上小学的时候，老师经常关注我们的自我管理能力，而初高中阶段，老师们便不太关注这方面了，结果很多人把自我管理能力"还给"了老师。

但是进入社会之后，自我管理能力开始变得越来越重要。不论一个人的能力再高，技巧再熟练，如果身体不健康，就没法好好工作，生活节奏紊乱，或者根本不适应职场的工作环境。

没有自我管理能力，身心健康都容易出现问题，因此这项技能才会如此重要。

第4章　用运动培养"社交能力"和"合作精神"

## 样样精通不可取

只有同时掌握沟通能力、合作精神，以及自我管理能力，人们才能同时发挥多种"智能"。

智能包括数字、记忆、空间、语言和推理等。但我们没必要让自己的所有能力都那么高。

例如，要设计一个程序的时候，首先要有一个项目经理负责纵览全局，在他之下还要有负责编程的系统工程师，以及负责做广告、制定营销战略的同事。人人各司其职，共同推进团队的进步。

换言之，我们没必要成为拯救世界的超人，承担起一切任务。因此，小时候只要专注自己擅长的事，专心做自己喜欢的事，培养自信和自我认同感就够了。

在学习的过程中，一步步从不会到会，慢慢进步——这才是最重要的！一开始的时候，即便什么不能得心应手，也要先从发现自己擅长的方向开始。

例如，一个人数学不好，记性又差，但他很会与人相处，又擅长察言观色，拥有高超的沟通技巧，那么他同样算是具备了在社会上出类拔萃的实力。

## 出类拔萃方法很多

事实上，即便是一家公司，也并不能具备所有职能部门。如销售、人事、设计、顾客维护等部门，都已经开始走向外包路线。

因此，如果你没有设计师的眼光，也可以外包设计工作室。如果你不擅长统计、招揽顾客或制定广告策略，也可以外包会计和宣传业务。

一个项目需要很多人的合力，才能顺利推进。只要把召集来的各方面人才协调好，项目就能稳步前进。

现代社会的工作形式逐渐朝着多元化发展，而高效且顺畅地协调各方面力量，正是当今社会需要的资质。

第 4 章 用运动培养"社交能力"和"合作精神"

出类拔萃，其实有很多路径可走。你家孩子到底要走哪条路呢？

父母的责任正是在日常生活中发现孩子的可能性，带领孩子走上适合他的道路。家长还要结合时代和环境的变化，为孩子保驾护航，给他们提供必需的工具，培养他们正确的心态和强健的体魄，并用正确的思想武装他们的头脑。

## 发现强项，延伸长板

当然，孩子们都有着各自的天性，有擅长的方面，也有不擅长的方面，可惜如今的教育少有"先强化强项，再挽救弱项"的方针。

目前的理想教育往往是"大家都一样""提高各方面能力"，但从今天起，希望大家开始关注如何进一步提高孩子的强项和特长。

虽说早早脱离学校教育并不好，但我们也不能只关注学习，还要培养、发展孩子的特长，为他创造一个美好的未来。

例如，电子游戏已经发展成为电竞项目，如今更是纳入了亚运会竞赛项目。所以提高打游戏的能力，也能在社会上找到自己的位置。

但前提是，要让孩子拥有自我认同感和自我管理的能力。小时候，想要培养这些能力确实不容易，孩子们很容易忽视那些真正需要做好的事情，所以家长一定要用心管理好孩子的日程安排，指导孩子走上正确的道路。

首先，我们要尽可能地发现孩子身上的积极因素，了解孩子想要做什么，他有哪方面的能力。但家长往往过于关注孩子身上的消极因素，总是责怪孩子，想方设法让孩子补齐短板，只想让孩子赶上"别人家的孩子"，实现所谓的"均衡发展"。

第 4 章 用运动培养"社交能力"和"合作精神"

不过，一旦你能明白，发现孩子的强项并加以引导才是最重要的，那么孩子的成长将不会伴随着压抑。从今以后，你的孩子一定会茁壮成长，越来越强。

## 第 22 节　努力成为新时代的领军者

在本书的最后一节，我将和大家探讨新时代领军者需要具备哪些资质。

当然，我们不能简单地说："擅长运动的人就适合当领导。"但我还是希望各位能够理解，运动是学习能力和生存能力的基础。而成为领军者的资质，也要靠运动打基础。

### 必要能力① 语言能力

不论任何时代，领军者都必须善于使用"语言"。

不论时代如何变迁，领军者都要跟周围人保持通畅的沟通，管理好团队和组织。

只有用清晰准确的语言，传达自己的想法、策略或感激之情的人，才能获得他人的信赖，并成为受人尊重的领导者。

使用语言并不单纯是开口说话，还包括写文章、表达决策等。总之，作为领导者，最重要的资质就是想方设法用语言的形式，向他人传达自己的所思所想的能力。

即便时过境迁，想要领导团队，就一定少不了这个能力。

如今，人们更加习惯对着手机屏幕打字，用简短的文字进行交流。所以，家长一定要让孩子明白正确使用语言的重要性。

## 必要能力② 多任务处理能力

随着时代的变化，我们的生活环境也在发生着变化。等到现在这批孩子长大之后，社会的生活节奏一定会更快。

过去我们常常认为，一个人把力量分散在各个领域，一定难成大器。但今非昔比，如今的时代，世界变化太快，处理多个任务也是我们必不可少的能力之一。

多任务处理，即同时完成多项工作。如今，需要运用这方面能力的环境和工具（软件）比比皆是。有一台手机，就能和很多人瞬间取得联系，并和这些人共同完成任务，获得各方面的信息，同时完成各种工作，社会越来越需求这样的能力。

不过，多任务处理能力并非与生俱来、人人都能掌握的技能。

当一个人专注于一件事或快到最后期限时，往往会忽略某些事情。所以，从小就要开始培养孩子多任务处理的能力。

就连孩子也要同时处理多个任务，如练习特长、做学校作业、做家务事，以及自己想做的事。

因此作为家长，我们就应该督促孩子不要疏忽大意，给孩子创造一个适合处理多个任务的环境。

## 第4章 用运动培养"社交能力"和"合作精神"

## ▍必要能力③ 行动力

为了在生活节奏越来越快的世界上生存下去,我们不能光靠想,而要付诸行动。

而想要付诸行动,首先就要具备行动力。有行动力和没有行动力的人,在试错次数方面完全不同。只有先去尝试,失败之后再改变自己的方式方法,之后再反复尝试,才能锻炼孩子的行动力,让他们拥有积极向上的心态。

即便孩子有什么想做的事,单凭他们的力量也很难完成。因此,大人应该在一边给予支持,同时让孩子不断积累经验,慢慢提高自己的行动力。

## ▍必要能力④ 调查研究能力

快速发现问题,并展开调查研究的能力也十分重要。

如今的时代,只要肯查,就没有搞不懂的东西,这就是所谓的信息爆炸。不过世上不仅有正确的信息，还有需要甄别的信息，甚至是"假新闻"。因此，孩子从小学时，就要开始学会如何甄别信息的准确性。

调查研究能力不仅是对自己正在做的事情和已经知晓的事情了如指掌，更要对未知的事物保持足够的好奇心。

比起那些只做自己会做的事的人，那些敢于挑战未知，不断追求新目标的人才更容易获得成长。首先我们应该让孩子在日常生活中养成"调查"的习惯。

例如，在日常生活中，孩子们可能会问我们各种各样的问题。

"为什么？""这个是怎么回事？"遇到孩子这么问你，你不需要把答案都告诉孩子，而是要和他一起寻找答案。

当然，孩子也会出现理解错误，或者只是对查到的资料囫囵吞枣地理解，但只要你能先对他们查询到的资料做出评价，然后正确引导，那么以后即便他们遇到困难，也不会轻易放弃，而是会凭借自己的力量"挖到底"。

## 必要能力⑤ 跨圈能力

近几年，职场人几乎不会存在"他和我不是同行，我没必要跟他认识"的想法。即便不是同行，也能通过跨行业合作实现创新，这样的例子实在太多了。

所以我们不能被自己的圈子限制住，而要跨越行业、国家、人种，去不同地方和不同人打交道。在日常生活中锻炼这方面的能力，你才能用更加广阔的事业看待事物。

## 必要能力⑥ 调整生活节奏的能力

没有健康的体魄，生活就不算完整。想要保持身体健康，就要有调整个人生活节奏的能力。而且当今社会越来越需要我们具备这种能力。

其中"饮食"尤为重要。在正确的时间，吃正确的食品，还有助于睡眠质量的提高。如果饮食和睡眠状况都能维持在一个良好的状态，身体健康也会维持在一个较好的水平，我们日常工作和学习的表现也会更加优异。

## 必要能力⑦ 预测力

有些人拿到任务之后，就开始拖拖拉拉，因而浪费了大把时间。本来一小时就能完成的工作，硬是让他耽误了一整天，而且成果也不很理想。

不会预估用时的人，工作表现往往不会太好。我们需要在开始动手前，就准确预估出工作用时是多少、能完成到哪种程度，这样才能把工作做好。

我们可以先从每天安排日程开始训练。可以给孩子买一本日程本，或者出去旅游时让他安排游览日程。

第4章 用运动培养"社交能力"和"合作精神"

我们要让孩子养成自己预测用时,自己做计划,如果计划赶不上变化就再做修改的习惯。

而且不能只让孩子一直做一件事,给他足够的休息时间,反而效率更高、表现更好。只要你能坚持指导,孩子就能慢慢掌握预测的能力。

## 必要能力⑧ 主动放弃的能力

只工作不休息,身体和心灵迟早会生病。

如今社会压力巨大,如果你不懂得"放弃",不懂得"放手",身心就永远得不到休息。

有些人即便回到家里,躺在床上,脑子里还堆满了工作的压力。长此以往,就很容易患上抑郁症。因此,有时候我们可以选择放弃,不想继续就可以放手。养成适时放弃的习惯也十分重要。

不过我不支持浅尝辄止,太早放弃。

我们应该告诉孩子,有些时候放弃更重要。"因为……，所以我放弃了""这个任务我只能做到这儿了"，其实也是向前走了一步。

但是孩子太小，还不太会自己做决断。就拿兴趣班来说，大人应该先看看孩子学习的状态，再找他问清楚状况，之后再决定应不应该让他放弃。等孩子长大一点，再慢慢指导他自己做决定。

## 必要能力⑨ 合作能力

如今我们不仅能和身边的人交流，还能通过社交软件和远在大洋彼端的人交流合作。

合作能给我们创造一个绝佳的工作环境，让我们能完成那些不能独立完成的任务，或需要拜托他人的工作。

虽然孩子一个人努力前行，也能发现不少乐趣，但我们也要让孩子知道与人合作，分享成果，同样其乐无穷。之所以我们都说团队运动更好，正是因为它能让我们感受到团队的力量。

另外，合作的方法也是层出不穷，如"互相鼓励""分担工作""共同完成一项任务"等。

首先我们可以全家总动员，一起完成一个任务。如一家人出去露营，一起支帐篷、做饭，一起解决问题，让孩子听从父母或兄弟姐妹的指示，齐心协力完成任务。

之后就要锻炼孩子和家人以外的朋友互相帮助，共同解决问题了。

## ▎必要能力⑩ 负责任地做决定

孩子小时候几乎没有什么做重要决定的机会。

但是，日常生活中，我们要锻炼孩子负起责任、做一些小决定的能力。渐渐地，孩子就会养成深思熟虑做决定的习惯。

例如，孩子告诉你他特别想做一件事，而你也同意他去试一试。如果他中途选择放弃，家长就该及时纠正，并告诉他一定要对自己负责。

我们可以试着先制定几条家规。从日常小事做起，锻炼孩子对自己负责，自己做决定。

如果孩子体现出了以上提到的 10 个能力，我们就该适时给孩子表扬和鼓励，久而久之，孩子就会变得足够自信。

"相信自己"也是时代领军者的必要素质！

本书介绍的"运动游戏"仅仅是一个契机，我们应该从小就开始激发孩子各方面的能力，不断地给孩子树立信心。最终，孩子一定会带着过人的自信，锻炼出时代先驱必需的资质和素养。

## 专栏 人人都有"残缺"

很多人都觉得自己很正常。也许正在读这本书的

第4章 用运动培养"社交能力"和"合作精神"

你,也有这样的想法。

那么,你觉得你身边到底有多少"怪人"呢?

如不守时的人、有路怒症的人、爱撒酒疯的人……如果你以自己为"正常人"的标准,那么你一定会发现很多很多"怪人"。

但是到底什么才算"正常"呢?下这个定义实在太难了。因为即便是那些不守时、路怒症、撒酒疯的人,也会觉得自己很"正常"。

## 拘泥"正常",一生艰难

我们每个人都有不同的价值观和个性。虽然我们以往的人生经历各有不同,但若是太有个性,那就和"残缺"相距不远了。

例如,不守时的人顶多会稍微迟到一会儿,但如果完全不遵守时间,就证明他缺乏时间认知的能力,也就是说,他似乎有"残缺"。

再比如说,一个人偶尔奢侈一把,也无可非议,但要是花钱如流水,根本不懂得节制,那么这也算是一种残缺。而且,如果一个人总是突然性格大变,那么他一定缺乏控制情绪的能力,这自然也是残缺。

因此,我们的个性中总有些或大或小的残缺,而我们也正是带着这些残缺生活的。

当然,说谁"残缺"谁都不高兴。但是我们身上一定有些与众不同的个性和坚持。或多或少,或轻或重,都是"奇怪"的。所以,只有认清"他是他,我是我",我们才能过好自己的生活。

### 把个性变成强项

从教育学的角度上看,我们应该在日常生活中,注意发展孩子的个性,同时也要避免孩子过于偏激。

今后,我们应该让孩子从小就懂得"我和别人是不同的""人人都是不同的"的道理,有时候又要让他

第 4 章 用运动培养"社交能力"和"合作精神"

们带着合作精神,与人相互交流,互帮互助。

中国人民自古以来都拥有谦逊包容的品性,但今后我们需要跨越国境,与世界上各个国家和地球的人们通力协作。我们不能只是包容和迎合他人,也要勇敢地说出自己的主张。

因此,我们要先了解自己孩子的个性,然后要培养他的自控能力,这样即便他的个性让其四处碰壁,他也能及时自控。

这样孩子就不会因为自身的"残缺"而选择放弃,而是会把这些"残缺"当成自己的个性和强项,把它们发挥在正确的地方。

其实,变革时代的人,正是那些带着残缺生活的人们。即便是爱因斯坦那样的天才,也有可能在某方面会有些残缺。

有时候,某方面的出色表现,恰能证明他在这方面的才能和强项。我认为,想要让孩子的未来更光明,让他有更多的可能性，家长最该做的，就是了解自己孩子的个性如何，想清楚到底该培养孩子哪方面的能力！

# 尾 声

我们的生活或许太过忙碌,家长往往被事业牵绊,而忘记了守护孩子的成长。我也一样,因为工作的压力和疲劳,有时也会忘记自己的初心。

但是,我希望各位在忙得不可开交的时候,仔细想一想,我们到底为什么工作。当然是为了我们的家庭,为了我们的孩子!

"忙"字分开,恰好是"心亡"。因为工作繁忙,没能见证孩子的成长,忽视了和孩子的交流,那么日后即便再后悔,时光也无法重来。

孩子的成长,往往只在一瞬之间,我们能够抓住的只有每一个"当下"。可爱的阶段、磨人的阶段、青春期……每个"瞬间",孩子的表情、动作、思想都不相同。

对父母来说，最重要的职责是守护自己的孩子，了解他们在面对什么挑战，是什么使他们感到沮丧，又是什么给他们带来快乐。如果做不到这点，家长就会越来越不了解自己的孩子。

教育子女并非是一件水到渠成的事。大人已经走过了孩子所走过的人生，我们应该以一个过来人的身份，指导孩子，并和孩子共同成长。我很喜欢这个说法："是孩子让父母成为父母，是孩子让父母得到成长。"

最近，市面上出现了各种各样帮助人们教育子女的商品和服务。因此，家长们更喜欢关注那些能让孩子迅速成长的方法。

但是，"做到"本身并不那么重要，重要的是，家长如何参与到孩子"从不会到会"的学习过程。其实想要挑战做不到的事，养成即便失败也不气馁的心态，也有很多途径。本书介绍的运动游戏，就是其中

# 尾 声

一个重要的方法。

如果我的这本书,能让更多孩子走过从不会到会的历程,体验这其中的乐趣,我将感到无比欣慰。

人生中邂逅的朋友或师长,对孩子影响极大,甚至能决定孩子走上哪条路。我们常说"不会让孩子跟着父母的指挥棒亦步亦趋",但父母的职责就是支持孩子,陪伴孩子,让孩子不论在任何时候,都能当自己人生的主角,去获得幸福,也让身边人获得幸福。

另外,家长还应该享受和孩子共同成长的日常生活,成为能和孩子荣辱与共的"亲密战友"。

家长面带笑容,孩子自然也会笑逐颜开。家长生活幸福,孩子也必然能够找到属于自己的幸福。

最后,我衷心希望,本书让你体验到和孩子共同进步、共同成长的快乐!

- ➢ 荣获"中国好书""文津图书奖"等众多奖项，畅销 40 多万册万维钢经典之作，精装增补版。
- ➢ 汇聚跨学科、颠覆性的认知，打破固有思维，用科学方法分析社会问题，看清世界真正的运行规则。

- ➢ 万维钢用学者深邃的洞察力和科学作家的叙事才能，剖析进入 21 世纪 20 年代人工智能时代的世界观和方法论。
- ➢ 关于社会的规律、教育的秘密、历史的定律、未来的谜题，犀利独到的观点在本书中处处可见。

- ➢ 罗振宇跨年演讲重点推荐作品。"得到"App《万维钢·精英日课》专栏第二季精选。
- ➢ 了解真实世界需要勇气和智慧。本书用科学思维带你走出常识的误区，探寻真实世界的运行规律。

- ➢ "得到"App 超过 17 万用户订阅的《万维钢·精英日课》专栏第一季精选，集结了当前全球经济、社会、科技、哲学等领域的前沿思想。
- ➢ 不是所有人都有现代化思维，我们要用精英的眼光和思维方式去洞察、理解和改变这个世界。

- 当代经济学家所犯的错误，其实是对权力、群氓与利益的妥协，对无知、懦弱与贪婪的顺从。
- 40多万人关注的《智本社经济学讲义》精华版。给普通人看的通俗经济学，有趣、有料又好懂。

- 本书对元宇宙的核心概念、技术基础、运作模式、产业应用、发展周期以及潜在问题等做了系统梳理和展望。
- 清华大学新闻学院沈阳教授团队倾力打造元宇宙浪潮航海图。了解和把握Web3.0时代人类生存新机遇，成为时代先行者。

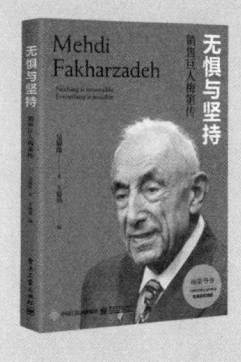

- 全球保险界传奇人物、"保险教父"梅第的经典传记，生前正式授权出版。
- 连续52年MDRT会员，27次TOT会员，13次COT会员，数十年的销售冠军，梅第被全球保险界尊称为"永远的世界第一"。
- 你对销售的一切困惑，都可以在本书中找到答案。

- "扑克之星"菲尔·戈登的德州扑克经典著作，50多个国家引进版权、12种语言出版，全球畅销50多万册。
- 详细介绍德州扑克的基本原则、比赛策略，并引导你理解德州扑克中隐含的概率和数学及心理学等问题。

- 原华为副总裁倾力打造，14年专业组织变革管理和人力资源管理经验之作。
- 华为独特的人才选拔、考核评价及激励机制是众多企业真正要掌握的管理核心。

- 任正非的系统性思考，华为高效执行文化背后的关键措施和行动方案。
- 华为以成果为导向的执行密码，企业高效运转的驱动力解析。

- 华为前高管联合数位业内专家联合创作。本书旨在构建系统的企业文化建设和落地路径，对标微软、亚马逊、华为、阿里巴巴、字节跳动等国内外知名企业案例，深入梳理了企业文化建设方法，帮助企业经营者、企业文化建设管理者用对方法、学通案例、引导实践。

- 做好个人品牌，就是为了加速生意！用营销思维放大个人品牌，让人认识你、认可你、认准你！
- 资深营销人峰帅多年实战经验总结，蕴含130W+个人品牌集训营课程精华。
- 全书分为四大模块，包含十个有效"放大器"，涵盖个人品牌经营中最为关键的痛点。